GUERRE D'ORIENT 1877-1878

Conserve — la Cou

DÉFENSE

DE

PLEVNA

D'APRÈS

LES DOCUMENTS OFFICIELS ET PRIVÉS

RÉUNIS SOUS LA DIRECTION

DU

Muchir GHAZI OSMAN pacha

PAR

le Général de division **MOUZAFFER** pacha

Aide de camp de S. M. I. le Sultan

ET

le Lieul Colonel d'état-major **TALAAT** bey

Aide de camp du Muchir Ghazi Osman pacha

PARIS

LIBRAIRIE MILITAIRE DE L. BAUDOIN ET C*

IMPRIMEURS-ÉDITEURS

30, Rue et Passage Dauphine, 30

1889

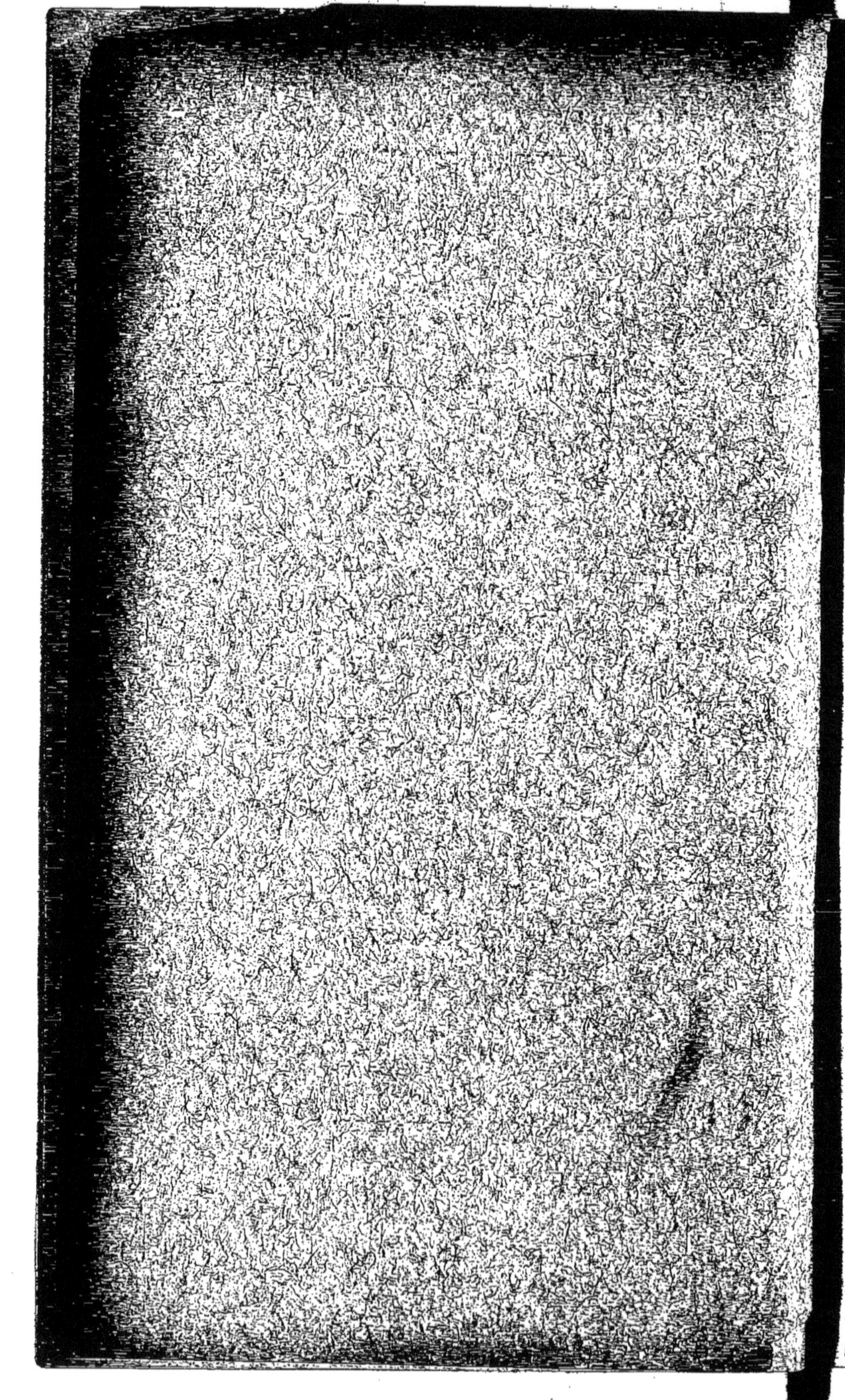

DÉFENSE DE PLEVNA

PARIS. — IMPRIMERIE L. BAUDOIN ET Cⁱᵉ, 2, RUE CHRISTINE.

DÉFENSE

DE

PLEVNA

D'APRÈS

LES DOCUMENTS OFFICIELS ET PRIVÉS

RÉUNIS SOUS LA DIRECTION

DU

Muchir GHAZI OSMAN pacha

PAR

le Général de division **MOUZAFFER pacha**

Aide de camp de S. M. I. le Sultan

ET

le Lieut¹-Colonel d'état-major **TALAAT** bey

Aide de camp du Muchir Ghazi Osman pacha

PARIS

LIBRAIRIE MILITAIRE DE L. BAUDOIN ET Cⁱᵉ

IMPRIMEURS-ÉDITEURS

30, Rue et Passage Dauphine, 30

1889

J'ai pris connaissance du contenu de cet ouvrage, relatif aux événements qui se sont passés autour de Plevna, pendant la guerre de 1877-1878, entre la Russie et la Turquie ; les faits y sont décrits avec la plus parfaite exactitude ; je certifie qu'on y relate avec fidélité et sans exagération, le courage, la constance, le zèle et le dévouement déployés par les officiers de tous grades et les soldats de l'armée impériale que j'avais l'honneur de commander.

Ghazi OSMAN.

Constantinople, 31 juillet 1888.

A

PRÉFACE

Voilà bientôt douze ans que le traité de San-Ste-phano a mis fin à la guerre turco-russe de 1877-1878, et pourtant il s'en faut de beaucoup que la lumière soit faite sur tous les événements de cette malheureuse campagne.

On ne sait où chercher la vérité.

L'état-major russe n'a pas cru devoir jusqu'à présent publier la relation officielle de la guerre et, d'autre part, l'état-major ottoman semble peu disposé à entreprendre un travail de cette importance.

En revanche, il existe un assez grand nombre de relations particulières de la campagne, publiées à différentes époques, par des écrivains sans mandat officiel.

Mais ces écrivains étaient-ils suffisamment renseignés? — avaient-ils la possibilité de s'éclairer? — offrent-ils du moins, au point de vue de l'impartialité, toutes les garanties désirables?

Il est permis d'élever quelques doutes à cet égard.

Les historiens de la première heure furent des reporters cosmopolites, qui suivaient l'armée russe. Uniquement préoccupés d'expédier, en toute hâte, à leurs journaux, des nouvelles à sensation et des récits dramatiques, ils auraient cru manquer à un devoir professionnel, en s'attardant à la poursuite de la vérité historique. Ils écrivaient au jour le jour dans un milieu russe, dont ils subissaient fatalement l'influence, et, le plus souvent, ils prenaient leurs notes sous la dictée de certains officiers d'état-major, qui avaient mission de leur fournir des renseignements.

Ils ne pouvaient d'ailleurs aucunement contrôler ces renseignements par des informations de source turque, car ils ignoraient l'organisation, la composition, les opérations des armées ottomanes; ils ne savaient même pas la langue turque.

Aussi ont-ils traité les Turcs comme des adversaires et des ennemis; mettant à leur charge, toutes les fautes stratégiques et tous les crimes, dont la responsabilité devrait être, en bonne justice, partagée par moitié, entre les deux armées. Ils rééditent, à chaque page, le vieux cliché des massacres, des incendies, des horreurs classiques de la guerre musulmane, avec un luxe effrayant de détails et d'illustrations, qui ne prouve pas grand'chose, à part l'intarissable fécondité de leur imagination.

Les auteurs suivants, historiens d'actualités, stratégistes plus ou moins compétents, connaissaient encore moins l'Orient que leurs devanciers.

Ils ont dû se borner à un simple travail de compilation.

Ils ont bien modifié çà et là quelques chiffres par trop

dénués de vraisemblance, et atténué certaines pein-
tures qui leur semblaient un peu trop poussées au noir,
mais le fond est resté le même.

C'est ainsi que, avec le temps, la légende devient de
l'histoire.

Plusieurs officiers russes ont publié des relations partielles de la guerre, et leurs ouvrages ont assurément
une tout autre valeur que ceux dont nous venons de
parler. Malheureusement ils se sont parfois laissé
entraîner à altérer la vérité, en ce qui concerne les effectifs et les opérations des armées ottomanes, avec l'intention évidente d'atténuer autant que possible les fautes
commises par leurs propres chefs.

Sauf deux volumes (*The war in Bulgarien*) d'un officier anglais, Baker pacha, qui servait dans l'armée ottomane, tous les ouvrages publiés sur la campagne de
1877-78 sont écrits avec des documents et des informations d'origine russe.

Les officiers ottomans se sont abstenus; on sait qu'ils
n'ont pas l'habitude d'écrire; ils étaient d'ailleurs fort
excusables de ne rien publier sur ladite campagne;
leurs troupes ayant été prises ou dispersées, la plupart
des documents, qu'ils auraient eu besoin de consulter,
avaient disparu dans la tourmente.

Toutefois, à Plevna, le lieutenant-colonel Talaat bey,
aide de camp du général en chef Ghazi Osman pacha,
tenait un journal de la défense et il a publié ses notes
en langue turque, il y a quelques années.

Le général de division Mouzaffer pacha vient de tra-
duire ce journal en français; il a revu le texte; il l'a

complété au moyen de documents officiels empruntés au ministère de la guerre et il l'a enrichi de précieuses informations, qu'Osman pacha lui-même a bien voulu lui donner; enfin il y a ajouté un certain nombre de notes et d'annexes.

Ce travail a été fait, pour ainsi dire, sous les yeux du commandant en chef de l'armée de Plevna, qui en a explicitement approuvé la rédaction. C'est un résumé des opérations successives de la défense, sans prétention littéraire, ni recherche stratégique, écrit avec l'unique préoccupation de faire connaître la vérité.

La lecture en est rendue facile par des cartes nouvelles, d'une très grande exactitude, que nous avons fait établir spécialement pour cet ouvrage.

Puisse notre bienveillante clientèle militaire apprécier, aussi favorablement que nous, la haute valeur du document historique que nous avons l'honneur de lui soumettre aujourd'hui.

Paris, le 20 août 1889.

Les Éditeurs.

AVANT-PROPOS

Avant de commencer notre récit, nous croyons devoir rappeler, aussi brièvement que possible, comment se sont opérées la mobilisation et la concentration des armées belligérantes et donner quelques détails sur leur organisation respective ; le lecteur pourra se faire une idée exacte des forces en présence ; il verra pourquoi les armées ottomanes se sont tenues sur la défensive et pourquoi elles n'ont pu profiter des chances de succès que la fortune des armes leur a présentées à différentes reprises.

En Russie, dès le 13 novembre 1876, un ukase prescrivait la mobilisation de six corps d'armée ; le 10 décembre, trois autres corps d'armée recevaient un ordre semblable, et le même jour, c'est-à-dire le vingt-neuvième après leur mobilisation, les six premiers corps se mettaient en marche pour se concentrer en Bessarabie. Le 16 avril, ils furent entièrement réunis le long de la frontière roumaine qu'ils franchirent le 24 ; les trois autres corps, concentrés dès les premiers jours de mai, ne tardèrent pas à entrer en ligne. La mobilisation et la concentration se firent donc par corps d'armée tactiquement constitués et avec le plus grand ordre. Chaque corps d'armée était composé de huit régiments d'infanterie (soit 24 bataillons), d'une brigade d'artillerie montée (12 batteries avec 96 pièces); d'une division de cavalerie indépendante (16 escadrons) et deux batteries (12 pièces); d'escadrons volants de cosaques; des équipages de ponts nécessaires, et de soldats du génie. Les transports, soit des munitions, soit des vivres, consistaient en voitures attelées; le service sanitaire et les autres services auxiliaires ne laissaient rien à désirer.

L'armée ottomane, qui venait de terminer la guerre de Serbie, se trouvait encore, à la fin de l'année 1876, sur les frontières de cette principauté, notamment dans les environs de Nisch et de Widdin; on n'avait pas comblé les pertes que les bataillons turcs avaient éprouvées, de sorte que ceux d'entre eux qui se trouvaient à Widdin étaient loin d'avoir l'effectif normal de 800 hommes (1). Le reste de l'armée impériale était disséminé dans différentes provinces de l'Empire, en Bosnie, en Herzégovine, dans l'île de Crète, sur les frontières de la Grèce et du Monténégro.

Les réservistes des différentes armes furent appelés sous les drapeaux, réunis dans les districts et acheminés, par petits détachements, vers les points où

---

(1) Voir annexe nº 2.

l'on supposait que la guerre aurait lieu en Europe et en Asie.

Les corps d'armée de la frontière de Serbie, sauf la moitié de celui de Widdin, furent dissous et leurs éléments constitutifs furent envoyés dans la partie orientale du Vilayet du Danube pour être réunis aux troupes qui arrivaient des diverses parties de l'Empire. On forma des régiments et des brigades, que l'on répartit dans les places fortes, et l'on organisa plusieurs divisions au camp retranché de Choumla. Les troupes ottomanes se trouvaient ainsi éparpillées sur une vaste zone d'opérations. Les corps de plus d'un bataillon étaient constitués, la plupart du temps, avec des éléments hétérogènes de provenance différente ; les commandants envoyés à leur tête ne connaissaient pas leurs soldats et n'en étaient pas connus.

Dans de telles conditions, il n'était guère possible d'entreprendre des opérations militaires compliquées ; de plus, tandis que tous les ressorts de l'armée russe étaient en parfait état, tout était irrégulier et incomplet dans l'armée ottomane. Le service de l'intendance n'existait point. Les chefs de corps, constamment préoccupés de pourvoir aux besoins de leurs soldats, n'avaient pas le temps de remplir les devoirs du commandement, d'exercer leurs troupes et de les préparer au combat.

Les rations, sauf le biscuit, étaient distribuées irrégulièrement et elles étaient insuffisantes ; trop souvent le soldat n'avait comme nourriture que ce qu'il trouvait dans les champs et dans les villages abandonnés ; le

A.

service des transports était des plus primitifs; le service sanitaire, incomplet et mal organisé. Il n'y avait ni troupes du génie, ni équipages de pont, ni gendarmerie.

On n'avait pas prévu de réserves d'hommes et de chevaux pour combler les vides que les combats allaient faire dans les rangs de l'armée. Aussi les bataillons et les escadrons déjà affaiblis au début de la campagne, par les pertes éprouvées en Bosnie et en Serbie, arrivèrent bientôt, par suite des désertions provoquées par toute espèce de privations, à des effectifs si restreints, que l'on fut obligé de dissoudre certains bataillons et d'en verser les hommes dans d'autres corps.

L'artillerie n'atteignait pas la proportion voulue pour les troupes d'infanterie qu'elle devait appuyer. Elle fut toujours inférieure en nombre à celle de l'ennemi.

La cavalerie régulière était également insuffisante, surtout dans l'armée de l'Ouest; après le prélèvement de la cavalerie divisionnaire et des escadrons indispensables pour le service des escortes, il ne resta plus de cavalerie indépendante, pour éclairer la marche des troupes ottomanes et assurer la poursuite de l'ennemi en retraite.

Les cavaliers irréguliers et les Circassiens étaient fort indisciplinés. N'ayant aucune notion des opérations militaires, ils passaient le temps à marauder ou à fourrager pour leur propre compte. Leurs chefs directs n'avaient d'autre souci que de mettre leur butin en lieu sûr, et ils y employaient les cavaliers sous leurs ordres. On ne pouvait pas compter sur de pareilles gens, et, du reste, on ne savait jamais quel était au juste leur effectif, qui variait à chaque instant. En résumé, leur concours fut plus nuisible qu'utile.

Les troupes ottomanes étaient toujours suivies de maraudeurs indigènes qui, après avoir abandonné leurs foyers et mis leur famille en lieu sûr, étaient revenus pour piller et pour se venger de ceux qui leur avaient pris leurs biens. Aussi ne faut il point s'étonner s'il y eut des excès commis à l'égard des Russes et des Bulgares ; ces actes blâmables furent imités et même dépassés par les Cosaques et les Bulgares, qui ne laissèrent jamais échapper une occasion de piller et de massacrer les émigrants musulmans. C'est à tort, du reste, que l'on a accusé de pareils excès les troupes régulières ottomanes ; celles-ci, disciplinées et dans les mains de leurs chefs, avaient ordre de respecter les personnes et les propriétés ; nous pouvons affirmer qu'elles n'ont jamais commis un acte semblable au massacre des défenseurs de Lofdscha, ni aux traitements inhumains dont furent victimes les prisonniers ottomans après la chute de Plevna.

Le seul avantage de l'armée turque, c'est que, au début de la guerre, ses soldats étaient déjà aguerris par les campagnes des années précédentes en Bosnie, en Herzégovine, en Serbie et au Monténégro. L'armement était un peu supérieur à celui de l'armée russe : l'artillerie ottomane avait des canons Krupp frettés en acier ; les bataillons nizamiés et certains bataillons de rédifs étaient armés de fusils Peabody-Martiny, tandis que les autres bataillons avaient des fusils Snider et Springfield ; ces derniers, inférieurs au fusil Berdan des Russes, étaient supérieurs aux fusils krinka, dont la majeure partie de l'armée ennemie était armée.

Les commandants des troupes ottomanes se rendaient bien compte des imperfections et des lacunes que nous venons de signaler ; aussi n'osèrent-ils jamais se lancer dans des opérations offensives de quelque durée, et ils ne surent pas mettre à profit les occasions favorables que leur présentait la fortune des armes. Seul, Osman pacha, tout en ne se faisant aucune illusion sur ce qui manquait à ses troupes, eut l'énergie et la volonté d'agir, comme s'il s'était trouvé à la tête de l'armée la mieux outillée.

Toute la responsabilité de cette organisation défectueuse doit retomber sur le ministre de la guerre Rédif pacha, qui, non seulement trompa son souverain en ne lui faisant pas connaître le fâcheux état de l'armée ottomane, mais ne prit pas les mesures nécessaires pour y remédier autant que possible ; aussi, dès le commencement de la guerre, fut-il traduit devant un conseil de guerre, qui l'exila dans l'île de Rhodes.

Dans toutes ses guerres antérieures contre la Turquie, la Russie n'étant point assurée de la neutralité de l'Autriche-Hongrie et ne voulant point étendre vers l'Ouest ses lignes d'opérations, fit toujours traverser le Danube à son armée dans la partie comprise entre Routschouk et l'embouchure. Le généralissime Abdul-Kérim pacha avait donc concentré la majorité de ses forces dans le quadrilatère de l'Est, et, au contraire, la partie du Danube entre Routschouk et Widdin était presque dégarnie de troupes ; cette circonstance permit aux Russes d'effectuer assez facilement leur passage à Sistova. Néanmoins, il leur fallut plus de dix jours pour jeter un pont et faire passer quatre corps d'armée sur la rive droite du fleuve. L'armée de Choumla se trouvait à six jours de marche de Sistova; réunie aux divisions mobiles de Routschouk, Silistrie et Tourtoukaï, elle aurait formé un total de plus de 60,000 hommes, avec artillerie et cavalerie; elle pouvait donner la main à Osman pacha, qui serait arrivé de Widdin avec la division de Nicopoli. Si donc Abdul-Kérim pacha avait écouté les propositions que lui faisait alors Osman pacha, il aurait peut-être rejeté l'armée russe en Valachie, ou du moins il l'aurait empêchée de s'avancer dans l'intérieur du pays avant d'avoir reçu de nouveaux renforts.

Si l'armée ottomane ne réussissait pas dans son attaque, elle pouvait occuper la position stratégique de Biéla, éminemment avantageuse pour la défense, car elle a son front protégé par la vallée étroite et escarpée de la Yantra, et elle commande la route de Sistova à Tirnova. Osman pacha se proposait d'occuper en même temps les débouchés de Teteven-Balkan et la ville de Lofdscha, d'où il menaçait le flanc droit de l'ennemi. Les Turcs étaient en bonne situation pour recevoir des renforts de Sophia et reprendre plus tard l'offensive. Si les deux armées ottomanes étaient arrivées à Biela et à Plevna, après que les Russes eurent commencé leur mouvement offensif vers Tirnova, elles se seraient trouvées sur les deux flancs de l'ennemi, et le raid du général Gourko n'aurait pu être exécuté. Suleiman pacha aurait occupé, sans coup férir, les passes des Balkans au sud de Tirnova, et l'armée russe était amenée à attaquer successivement ou en même temps deux armées ottomanes retranchées dans des positions bien meilleures que celles d'Osman pacha à Plevna.

Enfin, dans le cas où l'armée de l'Est eût marché vers la Yantra, après l'occupation de Biéla et de Tirnova par les Russes, le 8 juillet, soit seize jours après le passage du Danube, elle aurait pu facilement repousser la cavalerie ennemie qui se trouvait seule sur la rive droite du fleuve et enlever les positions de Biéla, tandis qu'Osman pacha, ralliant la division de Nicopoli qui ne fut attaquée que le 16 juillet, se serait montré en force sur le flanc droit de l'armée russe. Le maréchal pouvait défendre Plevna, Lofdscha, et arrêter la marche de l'ennemi vers les Balkans, en admettant l'impossibilité de continuer l'offensive.

Les événements furent tout autres ; nous n'en ferons pas l'historique. Notre intention est seulement d'exposer ci-après les détails encore mal connus de la défense de Plevna.

Les cartes qui accompagnent ce travail sont de l'exactitude la plus scrupuleuse ; elles diffèrent en cela de toutes celles que l'on trouve dans les ouvrages relatifs au siège de cette ville.

DÉFENSE DE PLEVNA

DÉFENSE DE PLEVNA

CHAPITRE PREMIER

ÉVÉNEMENTS SURVENUS DU 27 JUIN AU 20 JUILLET 1877.

§ 1ᵉʳ. — SITUATION DE PLEVNA.

Plevná s'élève, au milieu d'une riche et belle contrée, sur un des nombreux contreforts qui se détachent du revers septentrional de la chaine des Balkans et forment, entre les affluents de droite du Danube, des terrasses inclinées descendant vers la rive du fleuve. La ville est construite, à environ quatre kilomètres du Vid, dans une sorte de fourche dessinée par les ruisseaux de Grivitza et de Toultchenitza (ou Caïalidéré), qui se réunissent avant de se jeter dans le Vid.

Plevna est une ville ouverte, sans valeur défensive; mais c'est une position stratégique importante, car elle est le point de croisement de cinq grandes voies de communication. La première, longue de 36 kilomètres, conduit à Nicopoli; la seconde, de 180 kilomètres, à Routschouck par Biéla; la troisième, de 150 kilomètres, à Philippopoli par Lofdscha, Troyan, Carlovo; la quatrième, de 170 kilomètres, à Sophia par Orkhanié, et la passe d'Araba-Conak; la cinquième, de 150 kilomètres, à Widdin par Lom-Palanka.

Plevna se trouve au fond d'une cuvette encadrée par une ceinture de hauteurs, savoir : au nord, les monticules d'Opanetz, les coteaux de Boukovlik (ou Boukova) et la colline dite Janik-Baïr; à l'est, les mamelons de Grivitza et de Pelichat; au sud, les collines de Toultchenitza et de Bogot, qui se relient au plateau de Pelichat et dont les ramifications vont jusqu'au Vid. A l'ouest de cette rivière le plateau de la rive gauche est dominé sur tous les points par la rive opposée.

Ces hauteurs dessinent dans leur ensemble un vaste fer à cheval; leurs pentes et les vallons qui les séparent sont couverts de cultures, de vignes, de jardins et de vergers. La défense de cette position paraît d'autant plus difficile qu'elle nécessite un grand déploiement de troupes.

Au commencement des hostilités, la population était d'environ 17,000 âmes, pour la majeure partie de nationalité bulgare. Cette population s'accrut un peu par suite de l'arrivée des musulmans émigrés des localités voisines en fuyant devant l'invasion russe. Sauf quelques mosquées et quelques églises, les constructions n'avaient aucune importance.

§ 2. — Première entrée des Russes.

Les Russes, après avoir franchi le Danube le 27 juin, à la hauteur de Sistova, se dirigèrent vers le centre de la Bulgarie.

Parmi les nombreux détachements qui furent lancés dans toutes les directions, un parti de cavaliers cosaques entra le 8 juillet dans Plevna. Cette ville était occupée par une compagnie d'infanterie du bataillon des rédifs de Slivno (le 2ᵉ bataillon du 2ᵉ régiment).

On y avait hospitalisé un certain nombre de malades appartenant aux bataillons concentrés à Nicopoli. Il y avait en outre une dizaine de soldats préposés à la garde des dépôts de ces bataillons et quelques gendarmes.

Osman pacha occupait alors la forteresse de Widdin, d'où l'on échangeait de temps à autre quelques coups de canon avec les batteries élevées par les Roumains, à Calafat, sur la rive gauche du Danube. La division placée sous ses ordres occupait en outre Adlié, Berkofdscha et Belgradschik. Elle avait pour mission de maintenir l'ordre et la tranquillité dans le pays, de surveiller la frontière serbe et la ligne du Danube; elle devait garder spécialement la position de Tchetati, qui a joué un rôle important en 1854, et celle de Florentin, qui se trouve en face d'un point de passage du fleuve. En outre, des colonnes mobiles avaient été envoyées vers le Lom, vers Rahova et jusqu'au confluent de l'Isker, pour s'opposer aux incursions de l'ennemi.

Dès le milieu du mois de juin, Osman pacha proposa de franchir le Danube et d'entreprendre des opérations offensives contre les Russes en Valachie. Son projet ne fut pas agréé.

Quand plus tard, après le passage de l'armée ennemie à Sistova, il reçut l'autorisation de prendre l'offensive, il lui fallut d'abord concentrer ses troupes avant d'agir.

D'un autre côté, la division du général Hassan-Haïri pacha, détachée à Nicopoli du corps de Routschouck, était immobilisée par le bombardement ininterrompu de l'ennemi. Les Russes pouvaient donc alors s'avancer librement, et sans obstacle jusqu'à Plevna et Lofdscha.

Le 9 juillet, vers onze heures du matin, on reçut à Widdin une dépêche télégraphique du colonel Hamdi bey, commandant la place de Rahova, annonçant que les détachements laissés à Plevna et les malades en traitement dans cette ville étaient venus se rallier à lui à la suite de l'entrée de cavaliers russes. Ces derniers séjournèrent du reste peu de temps à Plevna. Ils respectèrent les biens des habitants et se contentèrent d'emmener avec eux quelques notables pour les conduire, disaient-ils, au devant de l'armée russe.

§ 3. — ARRIVÉE A PLEVNA DU DÉTACHEMENT D'ATOUF PACHA.

Le 8 juillet, vers quatre heures et demie de l'après-midi, un détachement composé de trois bataillons d'infanterie, avec deux canons Krupp de campagne de 6 livres, et deux canons Krupp de montagne de 3 livres, sous le commandement du général de brigade Atouf pacha, partit de Nicopoli se rendant à Plevna. Il y arriva dans la matinée du 9. La population musulmane le reçut avec des transports de joie, tandis que les Bulgares semblaient consternés. Les autorités turques reprirent aussitôt leurs fonctions.

Atouf pacha laissa une compagnie dans la ville pour relever le moral des habitants, et il répartit ses troupes aux environs sur les hauteurs dominantes, en vue de s'opposer à un retour offensif probable de l'ennemi. Il établit également une compagnie d'infanterie à Netropol sur la route de Widdin et il organisa, au moyen de cavaliers indigènes et circassiens, un service de reconnaissances. Ces patrouilles volantes eurent souvent des escarmouches avec les fourrageurs ennemis.

Le 10 juillet, à la suite d'un de ces engagements livrés sur la route de Sistova, la reconnaissance russe ayant eu l'avantage continua à s'avancer dans la direction de Plevna. Mais, arrivée à la hauteur de Grivitza, elle fut arrêtée par quelques coups de canon qui l'obligèrent à battre en retraite.

Atouf pacha, prévenu qu'Osman pacha se préparait à quitter Widdin pour attaquer l'ennemi sur le point d'assiéger Nicopoli, était persuadé que les Russes ne tenteraient rien de bien sérieux du côté de Plevna; aussi mit-il tous ses soins à faire supposer aux éclaireurs ennemis, par l'éparpillement de ses forces, qu'il dispo-

sait de troupes nombreuses, et, après s'être assuré une
ligne de retraite, il attendit les événements (1).

§ 4. — DÉPART DE WIDDIN DU CORPS D'ARMÉE COMMANDÉ PAR OSMAN PACHA.

Vivement ému de voir les Russes pénétrer rapidement et presque sans combat jusqu'au cœur même
de la Bulgarie, le Muchir Osman pacha renouvela
les propositions qu'il avait faites quinze jours auparavant. Vers la fin du mois de juin, il offrit au Serdar-
Ekrem (2) Abdul-Kérim pacha de laisser environ
12 bataillons pour la défense de Widdin et de réunir
le reste de ses forces disponibles, c'est-à-dire 19 bataillons, pour en former un corps d'armée à la tête
duquel il quitterait la place. Il voulait prendre en route
quelques bataillons de la garnison de Rahova, se diriger vers Plevna et y rallier la division de Hassan-Haïri
pacha, qui devait quitter Nicopoli sans attendre l'attaque de l'ennemi ; puis, passant par Lofdscha, se
porter sur Tirnova, où il aurait opéré sa jonction avec
l'armée de l'est venue de Choumla par Eski-Djouma, et
à la tête des deux armées réunies marcher au devant de
l'ennemi dans la direction de Sistova.

Si un cas de force majeure empêchait cette jonction,

---

(1) Voir annexe n° 3.
(2) Généralissime.

Osman pacha pouvait occuper la position de Lofdscha qui présente des avantages bien supérieurs à ceux de Plevna pour la défense des passes des Balkans. Lofdscha, dans une position topographique défensive, a ses communications assurées avec Sophia par Orkhanié et Étropol et avec Philippopoli par le défilé de Trojan ; de plus elle peut devenir une base d'opérations offensives, à cause de son peu de distance de Tirnova et de Gabrova. Osman pacha ajoutait que l'éventualité d'une attaque de la Serbie, ou du passage du Danube par l'ennemi en face de Florentin, pour marcher ensuite sur Widdin, ne devait inspirer aucune crainte, tandis que si l'adversaire principal réussissait à consolider sa situation en Bulgarie, non seulement il serait difficile à expulser, mais encore il ferait participer ses alliés aux avantages qu'il aurait acquis. Le maréchal n'obtint pas l'autorisation d'agir ; on s'opposa même à ce qu'il fit les préparatifs nécessaires pour l'exécution de son projet.

Dans la nuit du 7 au 8 juillet, Osman pacha fut invité à se rendre au bureau télégraphique pour y recevoir directement des ordres du Sultan. Voici un extrait de la correspondance échangée :

Sa Majesté demande d'abord au Muchir des renseignements sur les positions et les mouvements de l'ennemi, ainsi que ses appréciations personnelles. Le Muchir répondit que l'armée russe, qui venait de traverser le Danube, s'avançait, par le centre de la Bulgarie, vers les défilés des Balkans en suivant plusieurs directions ; que les forces ennemies pressaient vivement Nicopoli et qu'il était d'avis de faire, sans perdre de temps, tous les efforts possibles pour s'opposer à la marche des Russes. Il exposa à son souverain le plan de campagne déjà soumis à Abdul-Kerim pacha et termina en disant qu'il n'avait reçu aucune nouvelle relativement au passage du Danube par les Roumains à Florentin, ni rien qui concernât les Serbes.

Le Sultan demanda alors à Osman pacha de combien de troupes il disposait ; combien il en laisserait à Widdin, avec quel effectif il comptait entreprendre le mouvement qu'il projetait et quelle serait la direction de sa marche. Le maréchal, après avoir répondu à toutes ces questions, ajouta qu'il voulait occuper les Balkans de Teteven, la passe de Trojan et Orkhanié ; du moment que la ligne de défense constituée par le Danube avait été forcée, on pouvait rappeler une partie des troupes en garnison à Rahova et à Nicopoli et les réunir à son corps d'armée. Nicopoli surtout n'avait plus aucune importance, puisque les troupes qui y étaient renfermées ne pouvaient s'opposer aux mouvements offensifs de l'ennemi dans l'intérieur du pays ; de plus, il était certain que cette place ne pourrait résister à une vigoureuse attaque et, par conséquent, il y avait tout avantage à retirer la garnison, plutôt que de la voir tomber entre les mains de l'ennemi.

Les observations et propositions d'Osman pacha furent bien accueillies du Sultan, qui donna l'ordre au ministre de la guerre et au Serdar-Ekrem d'avoir à faire parvenir l'autorisation nécessaire à Osman pacha. lequel la reçut le 10 juillet.

Le lendemain, Osman pacha fit appeler les généraux de division Izzet pacha et Adil pacha, son chef d'état-major le général de brigade Tahir pacha, le colonel Ahmed bey commandant l'artillerie, ainsi que quelques officiers supérieurs, et leur donna ses ordres au sujet des positions à occuper et des dispositions à prendre pour l'offensive projetée.

Deux bataillons furent laissés à Lom-Palanka, trois à Rahova, un à Belgradschik, un sur la frontière serbe à Adlié et dans les postes frontières de Bregova et de Rahovitza, soit sept bataillons d'infanterie. Douze bataillons et un escadron de cavalerie furent affectés à la place de Widdin; enfin une batterie d'artillerie de campagne armée de canons Krupp fut laissée à la disposition d'Izzet pacha commandant de Widdin, pour être employée avec les troupes dont il avait le commandement. Les troupes restées disponibles se composaient de dix-neuf bataillons d'infanterie, de neuf batteries d'artillerie de campagne, de cinq escadrons de cavalerie régulière avec quelques cavaliers auxiliaires circassiens dont le nombre s'élevait à 150 lors de l'arrivée d'Osman pacha à Plevna. L'effectif de ces troupes montait à un peu plus de onze mille hommes, dont quatre cents cavaliers, avec cinquante-quatre canons Krupp de 6, 4, 3 livres.

Osman pacha fit connaître, par une dépêche télégraphique, le mouvement projeté à Hassan-Haïri pacha commandant la place de Nicopoli, en lui recommandant de faire tous ses efforts pour résister encore pendant quelques jours aux attaques de l'ennemi, quelque vives et acharnées qu'elles fussent, ajoutant qu'on ne pouvait tarder à venir à son secours. Osman pacha donna également l'ordre que, des six bataillons qui se trouvaient à Rahova ainsi que le long du Danube dans la direction de Nicopoli, trois restassent à Rahova sous les ordres du général de brigade Sadyk pacha, tandis que les trois autres devaient rallier le corps central commandé par le maréchal. Enfin Akif effendi, chef du bataillon rédif de Bey Bazar (3e bataillon du 5e régiment rédif de la 2e armée) en garnison à Berkofdscha, fut prévenu d'avoir à préparer plus de cinquante mille kilogrammes de biscuits destinés au corps d'armée qui devait quitter Widdin le 13 juillet; la même quantité de biscuits fut également réunie à Orkhanié. Ces mesures confirmaient l'intention d'Osman pacha de se porter vers les Balkans de Teteven.

L'ordre de marche fut donné le 12 juillet à 9 heures du soir. Sur l'avis des gens connaissant le pays et sur celui de l'aide de camp d'Osman pacha, Talaat effendi, qui avait particulièrement étudié cette région, on choisit une route passant par Vitpol, Nazir-Mahalé, Artzer et Krividol, pour que la colonne ne se trouvât point exposée, pendant la marche, au feu des batteries ennemies établies sur la rive gauche du Danube, et pour qu'en même temps ses mouvements pussent être dissimulés autant que possible.

§ 5. — MARCHE DU CORPS D'ARMÉE DE WIDDIN A PLEVNA.

Le vendredi 13 juillet, vers cinq heures du matin, le corps d'armée se mit en marche, traversa la plaine qui entoure Widdin, passa par les villages de Vitpol et de Nazir-Mahalé et arriva le soir de sa première étape à Artzer. A la hauteur du village de Vitpol, elle reçut quelques projectiles venus des batteries établies par l'ennemi sur la rive roumaine ; mais elle n'éprouva aucune perte, la distance du tir étant trop considérable. Le lendemain, de bonne heure, les troupes se remirent en marche vers Krividol. La route est très accidentée, on éprouva de grandes difficultés à traîner l'artillerie ; les soldats étaient obligés de s'atteler aux pièces pour leur faire franchir les obstacles et gravir les pentes. La colonne parvint à 4 heures de l'après-midi au village de Krividol. C'est en cet endroit que le Muchir reçut les deux dépêches suivantes qui peignent, dans leur laconisme, la triste situation des armées ottomanes.

« *A Osman pacha et à Mehemed-Ali pacha.*

« Sa Majesté ordonne que vous atteigniez le plus tôt « possible le point objectif de vos opérations. L'ennemi « divisé en deux colonnes a attaqué Yeni-Zaghra et « Kezanlik. Où êtes-vous ? Quel est l'effectif de vos « troupes ? Répondez immédiatement.

« 14 juillet 1877.

« SAïD,

« *1er secrétaire de Sa Majesté.* »

« *Aux mêmes.*

« Comme on vient de vous le communiquer dans une
« dépêche précédente, le pays se trouve en ce moment
« entre la vie et la mort. C'est aujourd'hui qu'il s'agit
« de montrer le zèle le plus ardent et le plus grand
« patriotisme. Sa Majesté vous ordonne d'accélérer vos
« mouvements autant que possible.
« 14 juillet 1877.

« SAÏD. »

Osman pacha communiqua ces dépêches au Serdar-
Ekrem à Choumla (1) et, aussitôt après avoir reçu sa
réponse, il donna l'ordre d'accélérer la marche. On ne
fit donc point de halte pendant la nuit et le lendemain,
vers midi, les troupes arrivaient au village de Veltchi-
drano, où Osman pacha reçut une dépêche d'Abdul-
Kérim annonçant que la place de Nicopoli se trouvait
dans une situation des plus critique et qu'il fallait occuper le plus tôt possible Plevna.

En conséquence, Osman pacha fit partir en avant, vers
minuit, trois bataillons du 2e régiment nizamié de la

---

(1) Le 14 juillet Mehemed-Ali pacha, qui n'avait pas encore remplacé
le Serdar-Ekrem Abdul-Kerim pacha, se trouvait à Sophia où il réunis-
sait le plus de troupes possible. L'armée de l'Est, sous le commandement de Ahmed-Eyoub pacha, bivouaquait à Kadikeui en avant de
Routschouck et son aile gauche s'étendait le long de la rivière du Lom
vers Katzelevo ; mais le mouvement de retraite vers Razgrad était déjà
décidé. Il eut lieu en effet le 16.

deuxième armée, sous le commandement du colonel Emin bey, avec ordre de se rendre à Plevna, de s'y mettre à la disposition d'Atouf pacha et de prendre les mesures nécessaires pour pouvoir résister à une attaque éventuelle de l'ennemi.

A partir de ce moment, l'objectif des opérations fut modifié; Osman pacha dut renoncer à aller occuper directement les Balkans de Teteven.

Le lendemain, quatrième jour depuis le départ de Widdin, le corps d'armée arriva au village d'Altimir et y passa la nuit. Pendant ces quatre journées de marche, il avait parcouru dans le voisinage du Danube des plateaux où, par suite du manque d'eau pendant l'été, les voyageurs isolés eux-mêmes ont à souffrir de la soif. Les troupes marchaient la nuit et on faisait préparer d'avance, dans certains endroits, des tonneaux remplis d'eau afin que les soldats pussent se désaltérer et s'y approvisionner.

Quelques hommes avaient succombé à la fatigue; il était impossible de continuer ces marches forcées, et d'autre part, on pouvait croire qu'en envoyant trois bataillons de renfort à Plevna on avait mis cette position à l'abri d'une surprise de l'ennemi.

Le corps d'armée se reposa donc, le cinquième jour à Altimir, jusque vers trois heures et demie de l'après-midi; puis, se remettant en marche, il arriva le soir vers neuf heures à la fontaine d'Ismaïl-Boussar, où il bivouaqua. Là, il fut rejoint par le colonel Hamdi bey, qui amenait avec lui de Rahova un bataillon intact et les débris de deux autres bataillons qui, se trouvant du côté de Nicopoli, avaient été mis en déroute par les troupes russes dirigées contre cette place. Dans cette même localité, la colonne rencontra quelques soldats de cavalerie et apprit d'eux la fâcheuse nouvelle que Lofdscha était tombée entre les mains de l'ennemi. C'est avec une profonde émotion qu'elle fut connue des troupes ; la chute de Lofdscha modifiait les plans du Muchir. Il importait, toutefois, d'arriver le plus tôt possible à Plevna ; on continua donc à marcher pendant la nuit et le lendemain au lever du soleil, c'est-à-dire le sixième jour depuis le départ de Widdin, le corps d'armée atteignait les rives de l'Isker.

Mais avant d'arriver en cet endroit, on avait appris un événement plus fâcheux encore. La place de Nicopoli était tombée entre les mains des Russes et sa garnison était prisonnière.

Si les propositions faites en juin par Osman pacha avaient été approuvées et si, à cette époque, il avait reçu l'autorisation de quitter Widdin avec ses dix-neuf bataillons en ne laissant que de faibles détachements à Lom-Palanka et à Rahova, il serait arrivé à temps pour rallier les troupes de Nicopoli et ces dernières n'eussent pas été faites prisonnières. On aurait formé, avec leur appoint, une armée de quarante bataillons, on aurait utilisé la grosse artillerie de la place, les vivres de tout genre et les munitions qui s'y trouvaient.

Les Russes n'avaient pas encore déployé toutes leurs forces en Bulgarie ; leur aile droite et leur ligne de retraite étaient en l'air ; si l'armée de l'Est avait marché rapidement contre leur aile gauche par Biela, les chances de réussir étaient nombreuses; mais le plan d'Osman pacha ne fut pas pris en considération, parce que l'on craignait de voir l'armée roumaine passer le Danube à Florentin pendant que les Serbes recommenceraient leurs agressions. Or, en ce moment, ces deux puissances secondaires n'avaient pas encore déclaré la guerre et il leur fallait au moins quelques semaines pour mobiliser, concentrer et faire avancer leurs troupes; pendant ce temps, il était possible d'organiser à Sophia des forces suffisantes pour occuper fortement le défilé de Dragoman (entre Pirot et Slivinitza) et la passe de Dorouk (entre Berkofdscha et Sophia), seules routes par lesquelles l'ennemi pouvait envahir la plaine de Sophia.

Si les deux armées combinées de l'Est et de l'Ouest ne réussissaient pas à rejeter les Russes sur le Danube, Osman pacha pouvait toujours aller occuper le Teteven-Balkan à Lofdscha et les balkans d'Étropol à Étropol, Orkhanié et Araba-Conak. Dans le cas où les Russes auraient été battus par les forces turques, il n'y avait plus à s'inquiéter de la Serbie et de la Roumanie qui se seraient empressées de rester tranquilles.

Avant la guerre, on avait négligé l'entretien des voies de communication; les ponts notamment avaient été laissés dans un état de délabrement complet; on avait ajourné d'en construire de nouveaux dans certaines localités importantes au point de vue stratégique; aussi, lorsque le corps d'armée se présenta devant l'Isker, il éprouva quelques difficultés à traverser cette rivière. On y réussit cependant en jetant un pont fait avec des voitures. Les troupes firent ensuite une halte au village de Mahaleta situé sur la rive droite. Vers quatre heures de l'après-midi, elles se remirent en marche et atteignirent, au coucher du soleil, le village de Bas-Nétropol où se trouvait la compagnie placée en grand'garde par Atouf pacha. Pendant la marche on n'avait rencontré aucune reconnaissance ennemie.

Bien que Nétropol se trouvât à deux heures et demie de marche de Plevna, comme ce village et ses environs étaient dans le rayon des opérations de l'ennemi, il eût été dangereux de continuer la marche pendant la nuit. Osman pacha se décida donc à s'y arrêter et informa ses généraux de division et de brigade de la proximité de l'ennemi ; il leur fit savoir qu'il s'attendait à rencontrer l'ennemi le lendemain : il leur ordonna de concentrer leurs troupes et de se préparer au combat.

§ 6. — ARRIVÉE DU CORPS D'ARMÉE A PLEVNA ET COMBATS DES 19 ET 20 JUILLET (VOIR CARTE Nº 1).

Au moment où les troupes allaient s'engager sur le pont, Osman pacha envoya ses officiers d'état-major reconnaître avec son escadron d'escorte les environs de Plevna et déterminer les emplacements convenables pour le campement des troupes. Le quartier général s'installa à l'endroit choisi précédemment par Atouf pacha et le corps d'armée s'établit sur les positions déjà occupées par ce général.

Vers midi et demi on aperçut l'ennemi au loin vers le nord, sur les hauteurs rocheuses V V en avant de l'aile droite du corps d'armée et au nord-nord-ouest du village de Grivitza, situé à proximité de la route qui conduit à Sistovo. Quelques coups de canon tirés par les avant-postes établis au point n° 6 ayant signalé au Muchir l'approche de l'ennemi, Osman pacha envoya aussitôt de ce côté le commandant de la première brigade Ahmed-Hifzi pacha, avec trois bataillons (1er bataillon de chasseurs de la deuxième armée et 2 bataillons rédifs mokkaddem et tali-simaw) (1) et six bouches à feu.

Sur ces entrefaites, l'ennemi se montra également sur la chaîne de collines AA en face du point n° 5, situé en avant des lignes turques de la colline Janik-Baïr; des coups de canon tirés de ce point, ne tardèrent pas à révéler au Muchir sa présence de ce côté. Osman pacha y envoya le colonel Younous bey avec trois bataillons et six canons. L'intervalle entre les points 5 et 6 fut fortement occupé par d'autres troupes; un bataillon (3e du 4e régiment nizamié de la deuxième armée) avec trois canons, sous les ordres du chef de bataillon Issa agha, vint se poster sur la crête n° 18, qui domine la vallée du Caïalidéré (ou Toultchenitza), vallée par laquelle passe la route qui conduit à Lofdscha, et que, pour assurer la défense de Plevna de ce côté, il importait de surveiller. Enfin, on mit à la hâte en état de défense les collines d'Opanetz, le point n° 4 près

------

(1) Rédif mokkaddem, ou du premier ban.
— tali, ou du second ban.

de Boukova et ceux qui commandent le pont du Vid; on se prépara en même temps à résister à une attaque qu'on devait croire imminente, car la canonnade devenait de plus en plus vive. Les Russes ne se déployèrent point; ils se contentèrent de diriger un violent feu d'artillerie contre les hauteurs au nord-ouest de Grivitza et contre le Janik-Baïr, et, après une simple démonstration offensive, ils se replièrent dans la direction de Grivitza.

Un détachement russe, tirant habilement parti de la configuration du terrain, avait réussi à se glisser jusque sur la croupe n° 3, qui forme une sorte de mamelon isolé entre les collines BB et la ligne de bataille occupée par les troupes ottomanes. Il fallut donner un véritable assaut pour enlever cette position, sur laquelle on établit les avant-postes.

Le combat ne cessa qu'à la nuit. Dans la soirée, le commandement de toute la ligne fut confié à Adil pacha, commandant la première division; on ordonna de creuser à la hâte des abris, des tranchées, d'élever quelques épaulements dans les positions qui paraissaient les plus avantageuses; on ne possédait, en fait de renseignements sur l'ennemi, que ceux fournis par quelques soldats russes faits prisonniers la veille; on n'avait de données ni sur ses forces, ni sur ses projets.

Osman pacha, tout en tenant compte du faible effectif de ses troupes et de leur grande fatigue, prescrivit aux grand'gardes, aux postes avancés d'apporter dans leur service la plus grande vigilance; il recommanda à ses généraux de ne pas disséminer leurs soldats, de les grouper le plus possible ; enfin, il établit, sur les positions centrales, des soutiens et des renforts. Ces ordres eurent pour conséquence l'envoi de trois bataillons et de six canons du côté de Grivitza, et de quatre bataillons avec trois canons entre Grivitza et Janik-Baïr ; on plaça, sur cette dernière crête, deux bataillons (1) au point n° 3, choisi comme emplacement d'avant-postes et plusieurs compagnies sur les crêtes n° 4 qui commandent un défilé, par lequel on craignait de voir l'ennemi s'avancer directement sur Plevna ; enfin, d'autres troupes furent dirigées vers les hauteurs à l'est de la ville.

Pendant la nuit, les Russes n'entreprirent aucune attaque ; mais on devait s'attendre à les voir profiter de la fatigue des soldats turcs, privés de sommeil depuis six à sept jours, pour tenter le lendemain une attaque vigoureuse, dans des directions qu'il était difficile de prévoir.

Le lendemain vendredi 20 juillet, au point du jour, c'est-à-dire vers quatre heures du matin, l'ennemi ouvrit le feu de l'artillerie contre les positions en face de la crête B B. Le combat semblait s'engager comme la veille. Pendant que cette canonnade attirait l'attention sur l'aile droite, du côté de Grivitza, on entendit tout à coup dans la direction des collines d'Opanetz une vive fusillade, qui dura à peine quelques

---

(1) Un bataillon du 1er ban tchoroum de la deuxième armée et le 2e bataillon du 4e régiment nizamié de la deuxième armée.

minutes ; puis on aperçut en face des avant-postes du point n° 3, sur les pentes qui dominent la position turque, cinq bataillons ennemis qui se portaient en avant, avec l'intention manifeste d'exécuter un mouvement offensif. Quelques bataillons russes, en effet, profitant des accidents du terrain désavantageux sur lequel étaient postés les Turcs, s'étaient établis, depuis la veille au soir, à peu de distance du point n° 3. Ces cinq bataillons s'élancèrent immédiatement à l'assaut, tournèrent l'aile droite des bataillons turcs qui occupaient ce point et enveloppèrent leur aile gauche, qui s'étendait jusqu'au village de Boukova. Osman pacha envoya aussitôt quelques bataillons au secours de cette position. Les Turcs s'avancèrent vivement et se jetèrent à la baïonnette sur les Russes, qui ne reculaient point.

La lutte au point n° 3 dura plusieurs heures. Le terrain autour du poste avancé et sur le versant nord du Janik-Baïr, du côté de Plevna, présentait un spectacle effrayant et grandiose à la fois. Au milieu du crépitement de la fusillade, de la grosse voix des canons qui ne cessaient de tonner, du sifflement des shrapnels lancés par l'ennemi afin d'empêcher l'entrée en ligne des renforts, on entendait les cris de : « Allah ! Allah ! » poussés par les Turcs, auxquels les Russes répondaient par des : « hurrah ! hurrah ! » Grâce à l'énergie déployée par les officiers, à la ténacité et à l'extrême bravoure des soldats turcs, les Russes furent enfin repoussés et mis en pleine déroute ; les renforts envoyés à leur secours ne se rendant pas compte de ce qui se passait, se replièrent en désordre avant d'avoir pris part au combat.

Mais pendant que l'aile gauche réussissait à conserver ses positions, l'ennemi, après avoir vivement canonné l'aile droite ottomane, profitait de la configuration du terrain pour charger les troupes turques avec sa cavalerie, parvenait à les ébranler et les obligeait à battre en retraite.

Plusieurs circonstances avaient contribué à ce mouvement rétrograde : vers le matin et dès les premiers coups de canon, Ahmed-Hifzi pacha, commandant l'aile droite, avait été blessé ; le lieutenant-colonel Husni bey, qui l'avait remplacé, avait été lui aussi grièvement atteint ; enfin, il importe de considérer que les soldats, depuis sept jours, n'avaient pris aucun repos ; ils étaient harassés de fatigue en arrivant à Plevna ; ils furent obligés de se battre le lendemain et de bivouaquer la nuit suivante, sans avoir ni le temps ni les moyens de se creuser même de petits abris, sur des hauteurs nues et découvertes.

Osman pacha, redoutant les conséquences probables de la fatigue des troupes, avait établi au quartier général (point 9) une batterie qui ouvrit un feu violent contre l'ennemi ; puis il envoya un bataillon et demi de renforts sous les ordres du colonel Saïd bey, par la vallée de Grivitza. Au moment où ces troupes arrivaient aux environs et à gauche du point D, sur la droite du front de combat, on entendit le clairon qui sonnait « en retraite » : le commandant du bataillon de tali-simaw, tout en se repliant, cherchait à rallier trois

de ses compagnies complètement rompues par l'ennemi : en entendant cette sonnerie, tout le bataillon se
débanda et ne s'arrêta que lorsqu'il fut recueilli par
les renforts du colonel Saïd bey. Cet événement porta
le désordre parmi les troupes et fut une des causes
principales de la retraite générale.

Les Russes cependant ne purent en profiter.

Osman pacha avait en effet prescrit à la batterie du
quartier général d'augmenter l'intensité de son feu, et
envoyé à tous les commandants l'ordre formel d'avoir à
se maintenir sur leurs positions. Grâce à cette mesure
énergique, les troupes turques reprirent l'offensive, re-
conquirent peu à peu, par des assauts successifs, leurs
anciennes positions, et l'ennemi, chassé de toutes parts,
fut mis en pleine déroute (1).

Après cette brillante victoire d'Osman pacha, les quelques escadrons dont disposait le maréchal, firent une

---

(1) Au moment où les troupes commençaient à fléchir et à battre
en retraite, on envoya au chef d'état-major Tahir pacha l'ordre de les
rallier. Quelques instants après Osman pacha fit partir un de ses aides
de camp, l'adjudant-major Talaat bey, avec les instructions verbales
suivantes : « Allez trouver les commandants des bataillons de la première ligne, qu'ils rallient leurs soldats et les ramènent à l'ennemi ;
qu'ils reprennent leurs anciennes positions et soient sans pitié pour les
fuyards ; dites-leur que s'ils n'obéissent pas à mes ordres je ferai tirer
sur eux du quartier général, de sorte qu'ils seront pris entre deux
feux. » L'aide de camp se rendit aussitôt sur le champ de bataille et
communiqua ces ordres à Tahir pacha ainsi qu'aux différents commandants des troupes dont il était question. On voit l'effet que produit
un ordre énergique dans un moment de défaillance.

reconnaissance aux alentours; ils s'emparèrent de dix-
sept caissons de munitions d'infanterie, de trois cents
tentes, d'un grand nombre de fusils laissés par les Russes
sur le champ de bataille.

On enterra environ un millier de cadavres ennemis.
Le chiffre des morts permet de supposer que les Russes
eurent au moins 2,000 blessés; les pertes des troupes
ottomanes s'élevèrent à environ mille tués et mille
blessés.

D'après les récits des prisonniers faits le soir, l'ennemi
avait mis en ligne pendant cette bataille treize mille
hommes d'infanterie, trois régiments de cavalerie et
soixante-dix canons. Le premier jour toutes ses réserves
n'étaient pas encore arrivées (1).

____

(2) Voir n° 4 des annexes.

CHAPITRE II

ÉVÉNEMENTS SURVENUS DEPUIS LE 21 JUILLET
JUSQU'AU 31 JUILLET.

§ 1er. — REPRISE DE LA VILLE DE LOFDSCHA.

Lofdscha est située dans la haute vallée de la rivière Osma, à 35 kilomètres de Plevna, 35 de Selvi, 20 du défilé de Trojan. L'Osma divise la ville en deux parties : la première, bâtie sur les collines de la rive gauche, constitue le quartier musulman ; elle renfermait environ douze cents maisons ; la seconde, s'étendant dans la vallée de la rive droite, forme le quartier bulgare et contenait à peu près huit cents maisons. Un pont fort mal construit sur lequel passe la route qui conduit de Selvi à Plevna et à Nicopoli, fait communiquer entre eux ces deux quartiers. Avant la guerre, la population, composée en grande majorité de musulmans, s'élevait à environ 12,000 âmes : elle était assez avancée sous le rapport intellectuel ; la ville renfermait en effet vingt mosquées, trois églises orthodoxes, une école du 2ᵉ degré, dix écoles primaires musulmanes, une école supérieure, deux écoles préparatoires de garçons et deux écoles de filles chrétiennes. Lofdscha était une des villes les plus riches de la Bulgarie. Située au point de jonction de plusieurs routes importantes, elle devait jouer un grand rôle dans les opérations des Russes; aussi ces derniers s'étaient-ils empressés de s'en emparer. Le 16 juillet, une colonne envoyée de Selvi par le général Sobatow l'avait occupée. Cette colonne se composait du deuxième escadron des cosaques de la garde, de deux escadrons du Don, de deux pièces de campagne avec un détachement du régiment de Vladikavkass.

L'occupation de Plevna par les troupes ottomanes augmenta encore l'importance de la position de Lofdscha. Il était indispensable de la reprendre pour protéger la route des Balkans et couvrir les opérations du corps d'armée de Plevna, pour s'assurer la possession de la route allant de Plevna à Sophia par Orkhanié, pour constituer concurremment avec Plevna, en face des ailes droites des deux lignes de bataille presque parallèles sur lesquelles se déployait l'armée russe, un front de combat, grâce auquel on pourrait arrêter ses opérations, en menaçant constamment ses ailes; enfin pour pouvoir au moment propice entreprendre des mouvements offensifs, en se servant de ce front comme d'une base d'opérations.

Ces considérations amenèrent Osman pacha à prendre, dès le lendemain de la victoire du 20 juillet, toutes ses dispositions pour s'emparer par surprise de Lofdscha. Il fit d'abord reconnaître la position par un détachement de cavalerie, puis, tirant des renforts, venus de Sophia, six bataillons d'infanterie, une batterie d'artillerie et un certain nombre de cavaliers auxiliaires circassiens, il en forma une colonne dont il donna le commandement au général de brigade Rifaat pacha, auprès duquel il détacha le colonel d'état-major Tewfick bey. Cette colonne se rassembla en arrière du point 23, situé dans la vallée du Caïalidéré, et se mit en marche le 25 juillet vers dix heures du soir.

Rifaat pacha, arrivé le lendemain à l'aube devant Lofdscha, attaqua immédiatement la ville défendue par trois ou quatre escadrons cosaques et un grand nombre de Bulgares auxquels on avait donné des armes. L'ennemi n'ayant opposé qu'un semblant de résistance, la colonne occupa la ville presque sans coup férir.

Les Russes, après la défaite de Plevna et l'échec de Lofdscha, devaient chercher à prendre leur revanche. Évitant en effet tout engagement sérieux, ne se montrant qu'à de grandes distances, ils se bornèrent à livrer quelques combats d'artillerie pendant qu'ils concentraient leurs forces. L'armée ottomane, de son côté, attirait à elle des renforts de troupes régulières et de cavaliers auxiliaires. Pendant ces jours de répit, on exécuta les travaux les plus nécessaires pour abriter les troupes et pour permettre de repousser les attaques de l'ennemi. Tout en prenant ces mesures défensives, le général en chef ne perdait pas de vue le mouvement offensif qu'il s'était proposé d'exécuter.

Cette accalmie momentanée ne dura que jusqu'au 30 juillet; pendant cette période de dix jours, l'engagement de Terstenik est le seul événement qui mérite d'être signalé.

§ 2. — ENGAGEMENT DE TERSTENIK.

Terstenik est situé à environ trois heures de marche de Plevna sur la rive gauche du Vid, dans la direction de Nétropol. L'ennemi avait choisi ce village comme base de toutes ses reconnaissances; c'était le gîte des détachements chargés de couper les communications entre Plevna d'un côté, Widdin et Rahova de l'autre, d'enlever ou de détruire les convois de munitions, de vivres, de fourrages, etc., qui, dirigés de Sophia sur Plevna, suivaient la chaussée reliant ces deux villes. Le 25 juillet, à la nouvelle de la prise par l'ennemi de plusieurs convois, le général de brigade Hassan-Sabri pacha et le lieutenant-colonel d'infanterie Mehmed-Nazif bey furent envoyés dans la direction de Terstenik avec quatre bataillons d'infanterie, deux canons et quelques cavaliers auxiliaires. Après quelques coups de canon et une fusillade assez vive, les Russes renoncèrent au combat et battirent en retraite. Cette colonne, après avoir ensuite dispersé quelques partis de fourrageurs, rétablit la sécurité sur la rive gauche du Vid et, pour mieux l'assurer, coucha à Terstenik; elle ne rentra que le lendemain à Plevna.

§ 3. — SITUATION DE PLEVNA A LA DATE DU 30 JUILLET.

Avant d'aborder le récit des combats du 30 et du 31 juillet, il convient d'exposer la situation des troupes ottomanes à Plevna. Au 30 juillet, l'armée turque, non compris les bataillons détachés à Lofdscha, se composait de 33 bataillons rédifs et nizamiés (dont les effectifs variaient entre 5 et 600 hommes), appartenant aux Ire, IIe, IIIe et V^e armées et aux districts militaires des côtes de la mer Noire, en Asie Mineure, de deux escadrons des régiments de cavalerie des cosaques ottomans de la 1re armée, de cinq escadrons du 3e régiment de cavalerie de la IIe armée, des 58 pièces de campagne et de montagne mises en ligne lors de la première bataille, de 3 à 400 cavaliers auxiliaires circassiens; en sorte que l'effectif total des troupes s'élevait à environ 19 à 20,000 hommes. Ces troupes furent réparties en deux divisions comprenant chacune 12 bataillons, 2 escadrons, 2 batteries montées; le reste, soit neuf bataillons, trois escadrons, cinq batteries et deux sections d'artillerie avec les irréguliers circassiens, formait une réserve générale. La première division, commandée par le férik Adil pacha était établie sur la partie septentrionale de la ligne de défense; quant à la deuxième, sous les ordres du mirliva Hassan-Sabri pacha, une partie de cette division occupait les fronts sud-est et sud, tandis que l'autre partie et la réserve étaient concentrées près du quartier général, pour être employées comme troupes de soutien ou de renfort. La veille de la bataille, on comptait, sur la ligne de défense, les ouvrages ci-après (voir la carte n° 2) :

Front nord : deux épaulements de batterie (5 pièces) sur la crête n° 5 du Janik-Baïr; un autre épaulement (2 pièces) au point n° 6 de la même crête, flanqué par des tranchées-abris, pouvant contenir un bataillon; quelques autres tranchées-abris à la gauche du point n° 4 également sur le Janik-Baïr, ainsi qu'en arrière du village de Boukova; un épaulement de batterie (2 canons) isolé au point n° 3, et protégé par des tranchées-abris.

Front nord-est : deux redoutes carrées du côté de Grivitza (4 canons et 2 bataillons), et, à leur gauche vers le point D, des tranchées-abris pour un bataillon.

Front nord-ouest : sur les hauteurs 1 et 2 d'Opanetz, deux petites redoutes (4 pièces, 2 bataillons), avec des tranchées-abris et autres travaux de défense élevés dans les environs; sur le versant sud du village, un épaulement de batterie (2 pièces), orienté de façon à défendre le pont du Vid.

Front sud-est : au point n° 14, des retranchements (en cours d'exécution et pouvant à peine abriter des tirailleurs à genou) destinés à recevoir 6 pièces; en arrière, au point n° 11, un épaulement de batterie pour quatre pièces avec des tranchées-abris sur les flancs; on avait préparé au point 10, sur un emplacement choisi par le colonel Ahmed bey, commandant l'artillerie, un épaulement de batterie pour deux pièces, derrière lequel on devait placer les canons en cas de besoin; en arrière, et sur un point plus élevé, on avait ébauché une tranchée-abri pour une compagnie.

Front sud : au point 10, un petit épaulement de batterie dominant la vallée du Caïalidéré ; quelques retranchements et tranchées-abris du côté du point 19 (deux canons, quatre bataillons, dont un nizamié et trois rédifs). Deux compagnies de ces bataillons fournissaient les avant-postes au point 17, près d'un moulin ; elles avaient pour mission de défendre l'entrée du défilé de la vallée, deux autres étaient établies au point K, au sud-ouest du point 13.

Front sud-ouest : à la tête du pont, au point 32, deux canons et un bataillon de rédifs.

Au quartier général, au point 9, il y avait un long épaulement de batterie pour six pièces, précédé par des tranchées-abris, destinées à défendre cette batterie et à enfiler la vallée : sur la gauche et du côté de la vallée de la Grivitza, une série de tranchées-abris et de trous pour des tirailleurs, dont la garde avait été confiée à six compagnies du 2e bataillon du 4e régiment nizamié du 2e corps ; une autre compagnie de ce régiment avait été placée en arrière dans des postes isolés. On envoya en avant de cette position et aux environs du moulin situé au point X un détachement de cavalerie ; il importait en effet de s'assurer la possession de ce point important et surtout de le bien garder pendant la nuit.

Un bataillon nizamié avait été laissé pour la garde de la ville.

§ 4. — Préliminaires de la bataille.

Le mardi 30 juillet, vers huit heures et demie du matin, l'ennemi apparut, comme lors des batailles précédentes, dans la direction du nord-est, en avant de l'aile droite de la ligne ottomane, de ce côté presque parallèle au cours du Danube. Le 2e bataillon du 2e régiment nizamié de la deuxième armée, qui occupait la redoute de Grivitza, envoya immédiatement quelques obus dans cette direction, afin de prévenir le quartier général et de ralentir les mouvements de l'ennemi. Mais les Russes, se déployant rapidement sur les crêtes dominant le village de Grivitza, dessinèrent leur mouvement en avant aussitôt après s'être montrés. Osman pacha fit ouvrir le feu de la batterie du quartier général. Profitant des nombreux accidents de terrain, qui se trouvent à l'est et au sud-est de Plevna, les Russes firent avancer leurs troupes sur Radischevo, ainsi que par la route de Lofdscha. Pendant ce temps, une autre colonne russe engageait un combat d'artillerie, puis d'infanterie du côté des hauteurs d'Opanetz.

L'ennemi, ayant pris position à Radischevo, et sur la route de Lofdscha, ouvrit sur toute cette ligne un feu nourri d'artillerie, auquel on riposta avec énergie. Le font du côté de Grivitza était, non seulement défendu par les ouvrages dont nous avons parlé plus haut, mais encore protégé contre une attaque de vive force par une des batteries de la crête du Janik-Baïr et par celle du quartier général. On se contenta donc de fournir les munitions nécessaires et de tenir les troupes de secours prêtes à marcher. Le férik Adil pacha, qui se trouvait au point n° 5, reçut, avec les instructions voulues, l'avis que le mouvement de l'ennemi du côté d'Opanetz n'était qu'une fausse démonstration; que la véritable attaque aurait lieu contre les fronts nord-est et sud-est, et que, en conséquence, on devait autant que possible renforcer ces positions. Comme nous l'avons indiqué plus haut, une des batteries de la ligne d'Adil pacha prenait en enfilade la vallée de la Grivitza et la route de Sistova, par laquelle l'ennemi essaya à plusieurs reprises de déboucher sur Plevna; cette batterie contribua puissamment à repousser les Russes. Enfin, le lieutenant-colonel Suleïman bey, qui commandait les positions d'Opanetz, reçut l'ordre de résister à toutes les attaques dirigées de ce côté et de se maintenir, coûte que coûte, dans ses retranchements.

Comme les positions 11 et 14, situées en face de Radischevo et du débouché de la vallée du Caïalidéré, étaient fort à découvert, on prit les dispositions suivantes pour les défendre convenablement :

1° Le chef d'état-major Tahir pacha avec trois bataillons et six canons, alla occuper le point 15 sur l'escarpement rocheux qui domine la vallée du Caïalidéré;

2° Le général Atouf pacha, fut posté au point 11, avec les troupes de soutien nécessaires pour occuper les pentes qui, partant du point 14 où se trouvait le co-

lonel Ibrahim bey, aboutissent au quartier général.
Ce point 11 formait une sorte de crochet défensif, par
rapport à la position de Tahir pacha et à la direction de
la ligne de bataille. En outre, deux canons, protégés par
deux compagnies du 2° bataillon du 4° régiment nizamié de la deuxième armée, furent amenés derrière
l'épaulement de batterie qui avait été préparé au
point 10;

3° Le général Hassan-Sabri pacha, avec plusieurs
bataillons et trois canons, prit position en arrière de
l'aile droite de Tahir pacha, de façon à se déployer
entre le point 11 et la vallée du Caïalidéré, et à garnir
ainsi l'aile droite du front sud;

4° Enfin, les ordres nécessaires furent adressés au
colonel Younous bey, chargé à l'aile droite de Hassan-
Sabri pacha de garder la position du point 18 et de
défendre la vallée du Caïalidéré.

§ 5. — BATAILLE DU 30 JUILLET.

Le combat, qui s'était engagé du côté des collines
d'Opanetz, se termina après une fusillade de courte
durée : la canonnade persista sur les autres fronts pendant quelques heures. Osman pacha en profita pour
prendre les dispositions dont nous venons de parler.
L'ennemi renforça son artillerie du côté de Grivitza, et,
mettant en ligne cinq batteries (quarante canons), il
continua le bombardement; mais les batteries turques

des redoutes au-dessus de Grivitza et celle du quartier général ripostèrent avec tant d'énergie que l'ennemi ne put réussir ni à s'avancer, ni à commencer l'attaque. Il choisit en face des fronts sud-est et sud, ainsi que vis-à-vis du point 14, des positions commandant les collines de Radischevo, et y installa de nombreuses batteries qui firent pleuvoir sur les positions turques une grêle de projectiles. Les batteries ottomanes répondaient avec vigueur; et ce duel à grosses pièces durait depuis quelque temps, quand, vers une heure et demie de l'après-midi, les Russes ayant formé leurs colonnes d'attaque à l'abri dans des plis de terrain, se portèrent, d'abord vers le point 15 occupé par Tahir pacha, puis vers sa gauche dans la direction du point 14. Les troupes turques tentèrent de s'opposer à ce mouvement, mais sans parvenir à arrêter l'aile droite ennemie qui attaqua vigoureusement le point 14.

Comme nous l'avons fait remarquer, il n'y avait sur cette position, mal défendue par quelques retranchements élevés à la hâte, que deux canons et deux bataillons. Ces derniers, ébranlés par le feu des Russes, attaqués sur un terrain ne présentant aucun couvert, tandis que l'ennemi profitant des ondulations du sol avait pu, sans être inquiété dans sa marche, amener à l'assaut de grandes masses, furent obligés d'évacuer la position et de se replier en arrière. Des bataillons de renfort, envoyés du point 11, ne réussirent point à repousser l'ennemi; ils durent eux aussi battre en retraite et venir rejoindre les autres au point 11; un canon dont les attelages arrivèrent trop tard ne put être emmené; mais on eut le soin d'en enlever la culasse.

Depuis que l'action était engagée, Osman pacha n'avait cessé d'envoyer des renforts au point 11; de plus, comme il craignait de voir une colonne ennemie s'avancer par l'escarpement 14 et par le petit vallon F, situé entre le point 11 et la route de Sistova, pour se porter ensuite sur le point 11, le maréchal, en vue de défendre les faces nord et nord-est de cette position, avait, dès le début de l'assaut, envoyé au point 10 deux canons et deux compagnies d'infanterie nizamié. Mais il fallait parer à un autre danger. L'ennemi, continuant à avancer, menaçait la face de la position 15, tournée du côté du point 11; il pouvait en s'élevant à droite et en avant du point 11, après avoir formé sa ligne de bataille sur l'escarpement 14, arriver à couper les communications entre les deux divisions de Tahir pacha et d'Adil pacha; Osman pacha, pour s'y opposer, établit un cordon de troupes entre les points 11 et 10.

Tahir pacha ne tarda pas également à s'apercevoir que ses troupes allaient être coupées et prises à dos du côté du nord; de plus, pendant qu'on se battait sur son front, une colonne ennemie s'était portée contre Hassan-Sabri pacha, afin de déborder son aile droite. Tahir pacha reconnut qu'il lui était impossible de se maintenir plus longtemps sur une position découverte et isolée sans compromettre le résultat de la journée; aussi, tout en continuant à combattre, il se retira en bon ordre et sans précipitation, de façon à se tenir toujours entre la gauche de Hassan pacha et le point 11. Il occupa alors le point 34, y reforma ses bataillons et, mettant quatre pièces en batterie, il attendit l'attaque de l'ennemi.

Une colonne russe débouchant de Radischevo, avait engagé le combat avec les troupes d'Hassan-Sabri pacha, postées en face d'elle ; on entendait également une fusillade des plus vives de l'autre côté de la vallée du Caïalidéré, mais dans le principe on n'y attacha pas une grande importance. L'ennemi concentrait ses efforts sur le point 11, dont la possession avait pour lui un intérêt capital. Il prépara son attaque par un violent feu d'artillerie et forma ses colonnes d'assaut. Il était à ce moment trois heures de l'après-midi ; la lutte avait atteint son maximum d'intensité. Le point 14, centre de la ligne de bataille turque, venait de tomber au pouvoir de l'ennemi ; celui-ci, marchant vers le sud-est du point 11, avait déjà, vers onze heures, c'est-à-dire au moment où le centre et le front de Grivitza avaient à soutenir un violent feu d'artillerie, mis en batterie au point 1, sur la route de Lofdscha, des pièces qui tirèrent sur le point 18. Le colonel Younous bey, commandant les positions autour du point 18, envoya un de ses bataillons (1), dont deux compagnies se trouvaient près du moulin de la vallée du Caïalidéré, dans les vignes situées en avant des col-

______

(1) Bataillon rédif, 2e ban de Milas.

lines 25; il occupa ainsi cette crête qu'il importait
de conserver pour arrêter la marche de l'ennemi
contre le centre, pendant que des cavaliers circassiens, passant par la vallée même du Caïalidéré, allaient charger les batteries ennemies du point 1.

Dès que les Russes s'aperçurent de cette manœuvre,
ils ramenèrent leurs pièces un peu en arrière, et leurs
troupes de soutien, ouvrant un feu violent sur les
Circassiens, les obligèrent à se retirer. Ce ne fut que
vers midi et demi, que l'infanterie ennemie commença à prendre l'offensive de ce côté et engagea le
combat avec le bataillon turc de la colline 25, lequel
fit preuve d'une bravoure et d'une ténacité remar-
quables. Vers une heure, le chef de bataillon Houloussi
effendi, se voyant trop vivement pressé par l'ennemi,
appela à lui une de ses deux compagnies postées au
moulin, point 17, et la dirigea, en même temps qu'une
autre compagnie qu'il avait tenue en réserve, vers
l'aile droite de sa position, c'est-à-dire contre le flanc
gauche de l'ennemi. Ce bataillon se maintint sur ce
point jusqu'à trois heures et demie et ne battit en retraite qu'après avoir perdu 135 hommes. A ce moment,
trois compagnies (du 3e bataillon rédif de Nisch du
3e régiment de la IIe armée), envoyées comme renforts
par le colonel Younous bey, se déployèrent en face du
point 19, inquiétant de là le flanc gauche de l'ennemi ;
elles permirent au bataillon d'Houloussi effendi, qui
battait en retraite, de se reformer à l'extrémité du versant nord de la colline 17 ; l'entrée en ligne de ces
soutiens obligea les Russes à suspendre de ce côté

leur mouvement en avant, malgré l'apparition soudaine, dans la direction du village de Krischine, d'une colonne russe qui cherchait à prendre à revers l'aile droite des compagnies de renfort; heureusement pour les Turcs, les deux compagnies postées derrière les abris du point 20 ouvrant le feu contre cette colonne, empêchèrent l'ennemi d'exécuter son mouvement. Les trois compagnies du bataillon de Nisch, restèrent sur les positions qu'on leur avait fait occuper jusqu'à sept heures et demie du soir, heure à laquelle elles se retirèrent sur l'ordre de Younous bey; l'une d'entre elles dut cependant à cause de la configuration du terrain rester plus longtemps sur la position. C'est vers trois heures et demie qu'on se battit de ce côté avec le plus d'acharnement.

De tous les fronts de Plevna, celui de Grivitza était le mieux fortifié. L'ennemi avait bombardé ces positions dans le but de détruire les ouvrages, de démonter les pièces d'artillerie et de jeter le trouble parmi les défenseurs. Le feu avait commencé dès huit heures et demie du matin; on y avait riposté des redoutes de Grivitza et du quartier général. Vers deux heures et demie, on aperçut une colonne ennemie, forte de trois bataillons et couverte en avant par une ligne de tirailleurs, qui se mettait en marche sur les pentes en avant du village de Grivitza. La batterie du quartier général, renonça momentanément à contrebattre les batteries ennemies en position de l'autre côté de Grivitza; secondée par une des batteries de la ligne d'Adil pacha, elle concentra ses feux sur la colonne russe. Cette colonne pouvait, soit, s'avancer directement par la colline de Janik-Baïr contre le quartier général, soit, avant d'arriver à cette colline, s'engager dans la vallée F pour menacer la gauche des positions turques de ce côté, où par suite des mouvements, tant offensifs que défensifs des adversaires, les bataillons ne restaient pas en place : comme nous le verrons, cette dernière hypothèse était celle qui devait se réaliser.

Sur ces entrefaites, des sonneries précipitées et réitérées demandant des renforts et des munitions se firent entendre du côté du point 10 ; Osman pacha, fort inquiet de ce qui se passait du côté de Younous bey, se trouvait au quartier général à trois cents pas en arrière du point 9. Comme le maréchal n'avait aucune troupe fraîche sous la main et qu'il fallait absolument envoyer des renforts sur les points 11 et 10, à Younous bey, ainsi qu'à l'aile gauche de Hassan-Sabri pacha, il donna l'ordre à Adil pacha de faire partir quelques bataillons de sa division. Les appels de clairon réclamant des munitions et des secours devenaient de plus en plus pressants : des officiers et des soldats, envoyés des points en danger, venaient confirmer l'urgence de ces demandes.

Au moment où le maréchal vit le premier des bataillons de renfort demandés à Adil pacha descendre les pentes du Janik-Baïr, il prescrivit à l'adjudant-major Talaat bey de prendre le commandement des quatre compagnies de soutien de la batterie du quartier général et de se porter au secours des points les plus menacés. Talaat bey partit aussitôt ; il apprit en chemin que la situation était des plus critiques et qu'une partie des troupes se retirait sur la ville de Plevna. Talaat bey se précipita au-devant d'elles ; les entraînant par son exemple, il les ramena avec lui et leur fit reprendre position aux points 10 et 11.

Dans ce moment suprême, Osman pacha lui-même se porta au-devant des fuyards, releva leur courage et parvint par son indomptable énergie à les reformer et à les reconduire à l'ennemi.

La ligne de bataille ottomane se maintint sur les hauteurs entre les vallées de la Grivitza et de la Toulchenitza ou Caïalidéré. Le combat continua sur ces collines, notamment autour des points 11 et 10, avec un acharnement inouï et des alternatives de succès de part et d'autre. Tantôt, ce sont les Turcs qui, tentant un retour offensif, descendent des collines qu'ils ont reconquises entre ces deux points et gravissent la colline 13 ; tantôt, ce sont les Russes qui les reprennent et qui ramènent leurs adversaires sur leurs positions.

Le temps était couvert depuis le matin et un brouillard épais s'était abattu sur Plevna et ses environs.

Quand le voile qui avait longtemps enveloppé le champ de bataille se fut déchiré, on put mieux apprécier toute l'horreur de cette lutte implacable entre les deux adversaires. Les troupes turques des points 11 et 10 reprenaient à ce moment l'offensive. Descendant avec rapidité les pentes, elles arrivent au pied du versant opposé qu'elles se préparent à gravir; mais à peine dans le vallon elles sont arrêtées en face du point 10 où se trouvait l'aile droite des assaillants. Turcs et Russes s'abordent à la baïonnette, et engagent une lutte corps à corps. A ce moment des renforts considérables arrivaient à l'ennemi. Les bataillons turcs s'arrêtèrent dans leur offensive, lorsqu'ils aperçurent sur la colline, objectif de leur attaque, un fort détachement russe et qu'ils furent avisés qu'une autre colonne ennemie s'avançait à leur gauche par la vallée F; cette colonne devait être celle qu'on avait vue se former en masse, vers deux heures, sur la pente D en avant du village de Grivitza. Elle se composait vraisemblablement des troupes qu'on avait rassemblées derrière les collines, sur la route de Sistova, pour les pousser, au moment opportun, dans la vallée F. Il devenait dangereux de continuer l'offensive; les bataillons engagés se replièrent sur leurs anciennes positions. Les Russes profitèrent de cette manœuvre pour ouvrir sur les troupes ottomanes un feu des plus violents et menacer leurs derrières. Mais les Turcs, se retirant dans un ordre parfait, s'arrêtèrent et, faisant face à l'ennemi, l'empêchèrent d'avancer.

Tirant parti des moindres accidents de terrain, s'abritant dans les fossés, ils parvinrent à regagner leurs anciennes positions. Quant à la colonne ennemie se trouvant dans la vallée F et marchant contre l'aile gauche du centre de la ligne de bataille, elle fut repoussée par les deux compagnies de soutien, et par les projectiles, obus et shrapnels, que lançaient la batterie de la position 10 et celle d'Adil pacha.

Vers six heures et demie, la bataille était arrivée à la crise qui devait décider du sort de la journée. La ligne de défense de Plevna s'étendait en cet instant sur vingt kilomètres, sans y comprendre le secteur du côté du Vid qui n'était pas attaqué. Les troupes ottomanes étaient toutes réparties sur cette ligne, de sorte que, dans cette bataille (comme dans les suivantes), Osman pacha ne disposait d'aucune réserve. Lorsqu'un point était trop vivement attaqué, le Maréchal s'empressait de faire venir des troupes et des canons des points moins menacés, et les renvoyait ensuite dans leurs anciennes positions dès que l'ennemi était repoussé.

A ce moment, une colonne russe descendant des hauteurs de Radischevo, marcha sur Plevna par la vallée du Caïalidéré. Elle réussit à s'approcher du moulin 17; mais les troupes turques qui se trouvaient sur les hauteurs des deux côtés de la vallée ouvrirent sur elle un feu si terrible que cette colonne fut anéantie.

En même temps, l'ennemi, ayant reçu des renforts, revenait à l'assaut des positions du point 11 et la victoire, longtemps indécise, semblait pencher du côté des Russes.

Heureusement, Osman pacha avait prévu la situation difficile dans laquelle ses soldats épuisés de fatigue allaient se trouver; il avait conservé un bataillon et quatre canons qu'il dirigea sur le point 34, pour renforcer la batterie que Tahir pacha y avait établie : ces huit pièces commencèrent par faire pleuvoir sur l'ennemi une grêle de shrapnels, puis quatre compagnies du bataillon de renfort fondirent à l'improviste sur l'infanterie russe en poussant les cris d'Allah! Allah! Celle-ci, surprise par cette attaque inattendue, ne se rendant pas compte des forces qui lui étaient opposées, arrêta son mouvement. Pendant que les quatre compagnies, envoyées par le Maréchal, se portaient en avant, les autres bataillons qui s'étaient mêlés les uns aux autres et combattaient sans espoir, reprirent courage, se jetèrent sur l'ennemi, et le contraignirent à battre définitivement en retraite. A la tombée de la nuit les Russes, battus et repoussés sur toute la ligne, abandonnaient le champ de bataille dans le plus grand désordre.

Après ce brillant succès, Osman pacha s'occupa immédiatement de prendre les mesures nécessaires pour résister à une attaque de l'ennemi dont il prévoyait le renouvellement pour le lendemain. Une fois les ordres donnés, le Maréchal se rendit lui-même sur tous les points afin de surveiller l'exécution de ce qu'il avait prescrit. Il fit venir du point 18, situé au-dessus de la vallée du Caïalidéré, un bataillon (1) qui reçut l'ordre d'élever des retranchements dans la direction du point 11; un bataillon nizamié, faisant partie des troupes postées entre les points 11 et 10, fut chargé d'escorter sept pièces, qu'on mit en batterie dans un pli de terrain

---

(1) Rédifs de Milas, 2e ban.

situé en arrière de la ligne de bataille, dans la direction des points 11 et 34 et de remplacer les deux compagnies installées jusque-là au point 10, et qui furent dirigées sur le quartier général, tandis que le 2ᵉ bataillon du 4ᵉ régiment nizamié servait de soutien aux sept pièces dont il a été fait mention ci-dessus. D'autres bataillons avaient rejoint également le quartier général : il ne resta donc pendant la nuit sur la ligne de bataille que quatre compagnies du 5ᵉ bataillon de chasseurs, le bataillon rédif de Zafranboli (1ᵉʳ ban) et le 1ᵉʳ bataillon du 4ᵉ régiment nizamié. Afin de pouvoir contrebalancer autant que possible l'inégalité des forces, on se mit immédiatement, sans tenir compte de la fatigue des troupes et sans même leur laisser prendre le moindre repos, à creuser des fossés et à élever des retranchements. Osman pacha, après avoir lui-même encouragé ses soldats et les avoir engagés à achever ces travaux le plus tôt possible, rentra au quartier général. Il était onze heures du soir.

§ 6. — JOURNÉE DU 31 JUILLET ET CONSÉQUENCES DE LA BATAILLE.

Le lendemain matin, le maréchal fit reconnaître le terrain dans toutes les directions. On profita de la suspension des hostilités pour faire partir du point 11 un détachement qui, précédé d'une chaîne de tirailleurs, se dirigea vers le point 14 où il retrouva le canon abandonné la veille lors de la surprise de cette position par l'ennemi. On le ramena au camp ainsi qu'une autre pièce laissée par les Russes. Il importait de connaître la position de l'ennemi et de se rendre compte, autant que possible, des pertes qu'il avait subies. Mais le corps d'Osman pacha manquait de cavalerie régulière; il fallut choisir parmi les cavaliers circassiens irréguliers qui se trouvaient à Plevna ceux dont l'habileté et la bravoure inspiraient le plus de confiance: on leur adjoignit quelques cavaliers indigènes connaissant bien le pays. Ce détachement partit du point 14, se dirigea vers l'est, le sud-est et Radischevo. Les cavaliers ne tardèrent point à découvrir sur les collines G, situées au sud-est de ce village, un corps ennemi, fort de quelques bataillons d'infanterie, d'un régiment de cavalerie et d'une batterie d'artillerie. Les Russes dirigèrent aussitôt vers le point 14 cette batterie soutenue par quelques troupes contre lesquelles les Turcs de la batterie 11 ouvrirent le feu; l'ennemi, mettant aussitôt ses pièces en batterie, essaya de riposter; mais comme les canons n'étaient pas d'un assez fort calibre, leurs projectiles n'atteignirent pas la position 11. La batterie turque continuant à tirer, l'ennemi fut bientôt obligé de se retirer sur les hauteurs nues et découvertes au delà du village de Grivitza. On ne le revit plus; il avait, en raison des pertes subies la veille, renoncé à engager une deuxième bataille.

La victoire du 30 juillet fut loin d'être complète et on n'en retira aucun résultat décisif, parce qu'on n'avait pas la cavalerie nécessaire pour poursuivre l'ennemi pendant sa retraite.

Il suffira d'ailleurs d'exposer brièvement les faits suivants pour faire comprendre quelles auraient été les conséquences de ce succès, si l'on avait eu les moyens d'en tirer parti.

Le grand-duc Nicolas, qui se trouvait à Tirnovo, prit ses dispositions pour quitter immédiatement cette ville. A Sistovo et à Simnitza, les habitants et les soldats effarés et en proie à une véritable panique s'enfuyaient en criant : « Les Turcs arrivent ! les Turcs arrivent ! » La foule se précipitait et s'entassait tellement sur le pont du Danube, qu'un grand nombre de personnes furent jetées dans le fleuve. 4,000 blessés évacuèrent d'eux-mêmes les hôpitaux de Simnitza ; on dut envoyer des cosaques pour les recueillir sur les routes et les ramener. L'empereur de Russie demanda le concours de la Roumanie. On alla même jusqu'à parler d'armistice, tant cette brillante victoire de Plevna semblait avoir amené de changements dans la situation générale.

S. M. le Sultan s'empressa de faire parvenir ses félicitations avec ses remercîments à ses braves soldats et à leur commandant Osman pacha, auquel il envoya de magnifiques cadeaux accompagnés d'une lettre impériale. Le maréchal reçut de toutes parts, surtout de Hongrie, de nombreuses lettres et des dépêches télégraphiques où, tout en lui exprimant les plus vives sympathies, on le félicitait des succès brillants et inattendus qu'il avait remportés sur l'armée russe.

Le Maréchal répondit à tous ces témoignages de sympathie et d'admiration (1).

---

(1) Voir aux annexes, n° 6.

CHAPITRE III

ÉVÉNEMENTS SURVENUS DEPUIS LE 31 JUILLET JUSQU'AU 7 SEPTEMBRE.

---

§ 1er. — PREMIÈRE ATTAQUE DE LOFDSCHA
PAR LES RUSSES.

Après la sanglante bataille qu'elle venait de livrer, l'armée ottomane avait absolument besoin de repos pour se compter et se refaire. Même dans le cas où l'on aurait cru opportun de prendre l'offensive, il aurait fallu, avant tout, lui donner une assiette plus solide que celle dont elle disposait avant la rude journée du 30 juillet. On se mit donc à réparer les retranchements et à les compléter sur les points les plus importants ; puis, comme on avait remarqué que les Russes s'étaient avancés facilement en face des fronts sud et sud-est, on renforça les ouvrages de cette zone et on en éleva de nouveaux.

Le mardi 6 août, vers trois heures du matin, on entendit dans la direction de Lofdscha des coaps de canon, d'abord isolés, puis de plus en plus fréquents. On en conclut que les troupes ottomanes qui occupaient Lofdscha étaient aux prises avec l'ennemi.

Osman pacha forma aussitôt une colonne forte de cinq bataillons, de cent cinquante cavaliers et de trois pièces ; il en donna le commandement au général de brigade Emin pacha, lui adjoignit le colonel d'état-major Tewfik bey et lui donna l'ordre de se porter au secours de Lofdscha. Cette ville étant à six lieues de Plevna, il eût été difficile à l'infanterie de franchir cette distance, même par une marche forcée, en moins de six heures ; le Muchir prescrivit aux cavaliers circassiens de prendre les devants et d'arriver le plus rapidement possible en vue de Lofsdcha, afin d'attirer l'attention de l'ennemi et de contrarier ses opérations. Après le départ du détachement, on entendit le canon jusque vers midi ; puis la canonnade cessa et ne reprit que le soir. Les fils télégraphiques ayant été coupés par l'ennemi, on ne pouvait recevoir aucune nouvelle ; on craignait déjà quelque désastre, lorsque le Maréchal reçut une lettre de Rifaat pacha, lui annonçant que l'ennemi avait été repoussé dans son attaque contre Lofdscha.

D'après le rapport de Rifaat pacha, quatre bataillons d'infanterie, quatre escadrons de cavalerie venant par la route de Sistova et une colonne de même force débouchant par celle de Selvi, s'étaient montrés le matin de bonne heure en vue de Lofdscha. Bien avant que les troupes envoyées de Plevna fussent arrivées, les Turcs avaient repoussé, après un combat acharné, les tentatives de l'ennemi et déjà les Russes renonçaient à l'attaque. L'arrivée des cavaliers circassiens, qui étaient venus de Plevna en deux heures et demie, leur fit d'autant plus croire à l'approche de renforts, que ces Circassiens chargèrent résolument leur cavalerie. Ils se décidèrent alors à battre en retraite. Le combat avait duré jusqu'à midi; l'ennemi laissa sur le terrain plus de trois cents cadavres; les pertes des troupes ottomanes étaient insignifiantes.

Après le combat, Rifaat pacha, Emin pacha, Tewfik bey reconnurent les positions les plus importantes et les fortifièrent pour assurer la défense de Lofdscha. Emin pacha laissa à Rifaat pacha les munitions d'infanterie et d'artillerie destinées à ses troupes, puis, sa mission étant terminée, il revint à Plevna. A mi-chemin, on aperçut, sur la droite, un détachement ennemi avec lequel on échangea quelques coups de canon; la colonne rentra au camp sans avoir éprouvé la moindre perte.

§ 2. — RECONNAISSANCE OFFENSIVE DE PELISCHAT
(VOIR CARTE N° 4).

Ce village, situé au sud-est et à environ trois heures de marche de Plevna, avait été choisi par les Russes, comme Poradin, Sgalevitza, Toultchenitza, Bogot et autres points situés au nord, à l'est et au sud, pour leur servir de ligne de défense dans le cas d'une attaque imprévue de l'armée ottomane. Mais Pelischat devait en outre permettre à l'ennemi de s'établir solidement, jusqu'à l'arrivée des renforts avec lesquels il comptait reprendre l'offensive.

Osman pacha, de son côté, avait reçu avis de Constantinople que les Russes ne tarderaient pas à l'attaquer, et il n'avait rien négligé pour activer les travaux de défense et se mettre en mesure de soutenir le prestige des armes ottomanes.

A la date du 28 août, l'effectif des troupes réunies à Plevna présentait un chiffre respectable ; on avait emmagasiné dans cette ville une grande quantité de vivres et de munitions ; rien ne faisant encore présager une attaque prochaine de l'ennemi, le moment semblait venu, pour les différents corps de l'armée ottomane, de combiner un mouvement offensif en vue de faire échouer les plans de l'ennemi. Osman pacha s'entendit, à cet effet, avec le commandant en chef de l'armée du Danube et avec celui de l'armée de Chipka. Une fois d'accord avec eux sur les opérations à entreprendre, Osman pacha voulut d'abord pousser une reconnaissance offensive sur Pelischat, en laissant seize bataillons d'infanterie, une artillerie suffisante et un peu de cavalerie à Plevna, dont les ouvrages étaient désormais organisés de manière à faire face à toute éventualité.

Le 30 août, Osman pacha organisa une division mobile comprenant dix-neuf bataillons d'infanterie, trois batteries d'artillerie, huit escadrons de cavalerie régulière, le régiment de cavalerie auxiliaire de Salonique et un certain nombre de cavaliers irréguliers circassiens. L'effectif total de cette colonne s'élevait à dix ou onze mille hommes (1). Hassan-Sabri pacha en reçut le commandement; Émin pacha commandait la première brigade; Tahir pacha, la deuxième. Quant à Osman pacha, il se réserva la haute direction des opérations, et laissa à Plevna Adil pacha en qualité de commandant de la place. Ces dispositions furent prises dans le plus grand secret; les bataillons qui devaient faire partie de cette reconnaissance furent allégés autant que possible, et on leur donna l'ordre de n'emmener chacun que dix chevaux de bât chargés de munitions.

La colonne se massa, avant la nuit, au sud-est de Plevna et bivouaqua dans les plis de terrain entre les points 11, 14, 15. A l'aube, la cavalerie suivie de près par le gros des troupes occupa les hauteurs G. Lorsqu'elle eut dépassé ces hauteurs, elle aperçut la cavalerie ennemie; on régla aussitôt l'ordre de marche de la façon suivante : en tête de colonne, la cavalerie, puis le premier régiment de la 1ʳᵉ brigade, précédé d'une chaîne de tirailleurs et flanqueurs; le deuxième régiment de la 1ʳᵉ brigade; enfin la deuxième brigade en colonne de route. Lorsque les tirailleurs de cavalerie commencèrent le feu, la division était déjà arrivée vis-à-vis du village de Sgalevitza à une demi-heure de marche de Pelischat.

Du point où se trouvait la tête de la division, on apercevait les retranchements élevés en avant de Pelischat, mais les ondulations du terrain ne permettaient pas

---

(1) Voir l'ordre de bataille de cette colonne au tableau nº 2.

d'en apprécier exactement la force. On voyait une redoute, un ou deux autres retranchements vis-à-vis de
l'aile droite, et un ouvrage en forme de lunette en
face du centre de la division. On n'avait pas, avant
l'attaque, remarqué l'existence d'une redoute et d'autres ouvrages situés plus à gauche au-dessus de Sgalevitza.

L'artillerie mise en batterie ouvrit le feu, sous la direction d'Osman pacha lui-même. On voulait d'abord
disperser la cavalerie ennemie, puis ruiner les retranchements, forcer les troupes russes à se montrer, et
c'était là le but principal de la reconnaissance; enfin,
enlever d'assaut les divers ouvrages.

Pendant cette canonnade, les cavaliers turcs et russes
en vinrent aux mains; mais, après une courte mêlée,
ces derniers battirent en retraite vers Sgalevitza et vers
Pelischat; des chaînes de tirailleurs d'infanterie s'étant
déployées à leur place, la cavalerie turque reçut aussitôt l'ordre de rétrograder et de venir se reformer en
arrière de la colonne.

Le premier régiment de la 1re brigade, couvert en
avant par une ligne de tirailleurs, se déploya en bataille
et se porta vers l'ennemi, tandis que le deuxième régiment se formait en ligne de colonnes. Les tirailleurs
russes battirent en retraite à l'approche du premier
régiment; mais comme les troupes turques, en s'avançant, étaient exposées au feu des batteries établies der-
lés retranchements ennemis, on résolut de donner l'assaut sans plus tarder. Le premier bataillon du premier
régiment se porta vers la redoute située sur la droite,

tandis que les trois autres bataillons, sous le commandement du colonel Omer bey, prenaient pour objectif la lunette ; l'un d'eux obliqua légèrement vers la gauche afin de tourner l'ouvrage et de l'attaquer par la gorge. Les défenseurs de la lunette ouvrirent le feu sur les deux bataillons chargés de l'attaque de front. Pendant ce temps, la batterie où se trouvait le Muchir, couvrait la lunette de ses projectiles, empêchant les Russes d'en sortir et d'y faire arriver des renforts. Mais les troupes ottomanes, exposées à un feu meurtrier de mousqueterie et aux shrapnels des pièces en batterie sur leur droite, ne purent arriver jusqu'à la lunette. Elles profitèrent d'un pli de terrain formant un angle mort, pour s'arrêter et s'abriter un moment.

Par ordre du Muchir, deux bataillons du deuxième régiment vinrent les renforcer. A leur arrivée, tous les bataillons s'élançant résolument à l'assaut, pénétrèrent dans la lunette et s'emparèrent de deux canons.

La redoute que devait attaquer le bataillon de chasseurs de la première armée s'élevait en avant du village de Pelischat, bien plus loin que la lunette. Il fallait donc que ce bataillon parcourût une certaine étendue de terrain pour y arriver. Ce fut seulement quand la lunette fut prise qu'il réussit à entrer dans la redoute où il s'empara d'un canon ; on lui envoya aussitôt quelques compagnies de renfort.

Le combat n'était qu'à son début ; d'après ce qui venait de se passer, on pouvait prévoir que l'action serait chaude et que les difficultés iraient en grandissant. Osman pacha reconnut qu'il lui était indispensable d'avoir des réserves. On n'avait pas emporté des munitions en quantité suffisante pour mener à bien un engagement qui prenait des proportions imprévues ; le Maréchal envoya à Adil pacha l'ordre de faire partir immédiatement de Plevna trois bataillons avec des munitions de réserve.

Après la prise de la lunette, on aperçut les ouvrages que l'ennemi avait élevés près de Sgalevitza, sur la gauche de la ligne turque. Il y avait, entre autres, une deuxième redoute, placée de telle sorte que, en s'en emparant, on devait aisément pouvoir se rendre compte des positions et des forces de l'ennemi. On lança contre cette redoute un bataillon de chasseurs. Reçu par une vive fusillade et par les shrapnels des batteries russes établies en arrière, ce bataillon ne tarda pas à s'arrêter. Le Maréchal envoya aussitôt un autre bataillon, et les deux, entrant ensemble dans l'ouvrage, engagèrent avec les Russes un combat acharné à la baïonnette ; mais ceux-ci ayant reçu des renforts, les soldats turcs ne purent pas se maintenir longtemps dans la redoute ; en se retirant, ils emmenèrent un canon de l'ennemi. On avait presque atteint le but qu'on se proposait ; de cette redoute, on était tout près du camp principal de l'ennemi situé devant Poradim, et l'on distinguait parfaitement ce qui s'y passait. A ce moment, des troupes russes arrivaient sur la gauche de la colonne turque dans l'intention évidente de l'attaquer.

Hassan pacha fut envoyé de ce côté avec quelques bataillons qui réussirent à contenir l'ennemi. Pendant que ces événements se passaient à l'aile gauche, de nombreuses troupes russes avaient assailli les bataillons turcs entrés dans la lunette ; ceux-ci résistèrent avec énergie, mais ayant éprouvé des pertes considérables, ils furent obligés d'évacuer l'ouvrage. Ils voulurent du moins emmener un des canons russes ; ils avaient réussi à le faire sortir et à le traîner pendant cent cinquante pas environ, quand un projectile ennemi vint briser une des roues et les obligea à l'abandonner.

La reconnaissance avait pour objet de se renseigner sur les forces et les positions de l'adversaire : le Muchir, ayant atteint son but, jugea inutile de continuer la lutte. Il donna l'ordre aux deux ailes de se replier par échelons. Les troupes de l'aile droite se mirent aussitôt en mouvement, emmenant la pièce qu'elles avaient prise. Par suite d'un oubli inexplicable, cet ordre ne fut pas communiqué à l'aile gauche ; il en résulta que les troupes en avant de Sgalevitza commencèrent trop tard leur mouvement de retraite, et il se produisit un certain désordre dans le principe, pendant le temps que mirent les troupes à revenir au point où les premières batteries avaient été établies.

Osman pacha prit alors le commandement de la colonne ; il mit ses pièces en batterie par échelons sans interrompre leur feu, tandis que les bataillons se retiraient vers Plevna en occupant successivement des positions de défense. Le lieutenant-colonel Raïf bey, commandant le deuxième régiment de la 2ᵉ brigade, avait été chargé de protéger la retraite. Il s'acquitta de cette mission avec intelligence ; bientôt la colonne fut hors de portée des batteries ennemies et en vue de

Plevna, où elle rentra vers quatre heures de l'après-midi, avec le canon pris à Pelischat.

Pendant que la colonne opérait sa retraite vers Plevna, on aperçut de la ville un détachement ennemi d'une force imposante qui se dirigeait par les collines situées à l'est de Grivitza, sur le flanc des troupes turques. Pour prévenir une attaque, Adil pacha fit partir en hâte, dans la direction de l'ennemi, une colonne composée de plusieurs bataillons ; celui-ci voyant son projet éventé, se retira et disparut.

Les pertes de la colonne s'élevèrent à 300 tués et à 1,050 blessés ; ces derniers, pour la plupart légèrement atteints, purent bientôt reprendre leur place dans le rang (1).

§ 3. — SECONDE ATTAQUE ET PRISE DE LOFDSCHA PAR LES RUSSES (VOIR CROQUIS N° 2).

La ville de Lofdscha est bâtie au centre d'un amphithéâtre de collines dont l'altitude moyenne au-dessus du niveau de la plaine est d'environ 200 mètres. Les hauteurs descendent en pente douce vers la ville ; quelques arbres disséminés sur leurs flancs y forment des taillis clairsemés, mais elles sont en majeure partie couvertes de champs de blé et de maïs.

La vallée de l'Osma les partage en deux groupes. Sur la rive droite s'élèvent quatre collines qui n'ont pas une

---

(1) Voir n° 6 des annexes.

dénomination spéciale, à l'exception de l'une d'entre elles connue sous le nom de Kirmezi tépé (colline rouge). Aussi, pour plus de clarté dans le récit qui va suivre, nous les désignerons par les numéros I, II, III, IV. Le numéro I représente le Kirmezi tépé; en avant de cette chaîne se trouvent encore deux collines isolées entre lesquelles passe la route qui conduit de Lofdscha à Selvi. Celle qui se trouve du même côté de la route que le Kirmezi tépé, est connue sous le nom de Baghlar-bachi et désignée dans le croquis par la lettre A; tandis que l'autre, sans nom, est indiquée par la lettre B. Entre ces deux collines et à proximité de la route, se trouve une fontaine. Il y a également sur la rive gauche quatre autres collines désignées par les numéros V, VI, VII, VIII. La plus importante est la dernière qui s'élève en arrière de Lofdscha, vers l'extrémité de la ville; comme elle commande la route qui conduit à Plevna, on y établit le quartier général.

Quand Lofdscha fut reprise aux Russes, on y détacha d'abord six bataillons d'infanterie, une batterie de six pièces et un peloton du régiment des cosaques ottomans.

Plus tard, en raison de l'importance de la position, Osman pacha y envoya deux des bataillons que l'on avait formés à Sophia pour Plevna; de sorte que la garnison comprenait en dernier lieu : le 1er bataillon d'Angora (3e ban); le 3e bataillon de Bey Bazar (1er ban); le 3e bataillon de Bey Bazar (3e ban); le 4e bataillon d'Assi-Yozgat (3e ban); le 3e régiment rédif de la IIe armée; le 3e bataillon Ischtib (2e ban); le 3e régiment

rédif de la IIIe armée ; le 1er bataillon Samsoun (1er ban) ;
le 2e bataillon Sinope (1er ban) ; le 4e bataillon Eregli
(1er ban) ; le 3e régiment rédif du littoral de la mer
Noire et une batterie de canons Krupp du 3e régiment
d'artillerie de campagne (IIIe armée).

Ces forces furent réparties ainsi qu'il suit : sur la colline A, derrière un épaulement construit avec des
pierres, on plaça, comme poste avancé, deux compagnies du bataillon d'Angora ; sur la colline I ou Kirmezi
tépé, six compagnies du bataillon d'Angora dans des
tranchées-abris creusées dans le sol et dont le profil
était renforcé au moyen de pierres ; sur la colline II,
le bataillon de Sinope installé comme celui d'Angora ;
sur la colline III, quatre compagnies du bataillon d'Eregli retranchées comme les précédentes ; les quatre autres avaient été préposées à la garde de la ville et à des
services spéciaux ; sur la colline IV, le bataillon de
Samsoun, dans des tranchées-abris creusées comme les
précédentes ; sur la colline V, deux compagnies du bataillon de Bey Bazar (1er ban), avec une pièce de 4 livres ;
sur la colline VI, quatre compagnies du bataillon de Bey
Bazar (1er ban) ; sur la colline VII les deux dernières
compagnies de ce bataillon ; les troupes qui occupaient
les collines V, VI, VII étaient placées sous les ordres du
colonel Mehmed bey, commandant le 3e régiment rédif
du littoral de la mer Noire. Sur la colline VIII, la plus
importante de toutes ainsi qu'il vient d'être dit, on installa les bataillons d'Assi-Yozgat, de Bey Bazar (3e ban)
et d'Ischtib, avec cinq pièces. On y avait construit une
vaste redoute dont le grand côté était allongé dans la

direction de Plevna ; le commandant y avait installé son quartier général. Comme le cimetière situé un peu en arrière de cette colline avait une situation dominante, on y avait creusé une tranchée-abri qui fut occupée par deux compagnies détachées de la redoute.

Le 1er septembre, vers deux heures de l'après-midi, on aperçut des troupes ennemies sur la route de Selvi près de la fontaine située en avant de la colline de Baghlar-Bachi ; de ce point, elles tirèrent quelques coups de canon ; l'ouvrage de la colline V y répondit et engagea un combat d'artillerie qui dura trois ou quatre heures ; l'ennemi n'avança pas davantage, et la nuit survint avant qu'il eût fini de reconnaître les positions turques.

Le lendemain matin, les Russes ayant occupé la colline B, commencèrent à se déployer.

Pendant qu'on se préparait à leur résister, ils ouvrirent le feu contre la colline A, d'abord avec quelques batteries établies sur la colline B, puis avec d'autres pièces placées sur la route. La colline A étant d'une nature rocheuse, les soldats des deux compagnies, trop peu nombreux du reste pour attendre l'attaque des Russes, en furent chassés par les éclats de pierres. On les installa sur la colline I, qui dominait les autres. Les Russes occupèrent avec des forces considérables la colline de Baghlar-Bachi et y établirent plusieurs batteries, tandis que leurs troupes se déployaient sur les collines de Prisiaka. Ils ne tentèrent pourtant ce jour-là aucune attaque.

Le 3 septembre, dès l'aube, cinq ou six batteries

russes prirent position sur les collines A et B. En même temps plusieurs pièces de gros calibre et à longue portée furent amenées sur les collines de Prisiaka où se trouvait le quartier général russe. Toutes ces pièces ouvrirent à la fois un feu terrible sur les redoutes turques, qui répondirent seulement aux batteries les plus rapprochées.

L'artillerie de la colline VIII commandait l'aile droite de l'ennemi, elle lui causa de grandes pertes; mais elle ne pouvait tirer sur son aile gauche, qui canonnait la redoute V; Rifaat pacha envoya aux défenseurs de cette redoute un canon de six livres et une compagnie de renfort.

Les Turcs, comme on l'a dit, n'avaient que six pièces de campagne; ils ne pouvaient pas tenir longtemps contre la nombreuse artillerie des Russes, dont les projectiles tombant et éclatant sur les rochers, envoyaient en gerbe des éclats de pierre. Après un bombardement de plusieurs heures, les troupes russes attaquèrent tout à coup la colline IV; il était huit heures du matin. Reçues par un feu de mousqueterie bien dirigé, elles furent repoussées et forcées de battre en retraite en laissant derrière elles des monceaux de cadavres. Mais les quatre compagnies qui occupaient la redoute commirent la faute de sortir de leurs abris en poursuivant les Russes; elles vinrent se heurter aux obstacles derrière lesquels l'ennemi s'était réfugié et furent à leur tour obligées de revenir en toute hâte.

Les Russes, ayant réuni de nouvelles troupes sur leur aile droite, s'avancèrent contre les retranchements de la colline IV, en colonnes d'assaut précédées par une chaine épaisse de tirailleurs. On réussit d'abord à les arrêter par des feux de mousqueterie; mais les pertes causées pendant sept heures par les projectiles, par les éclats de rochers et par les attaques réitérées de l'ennemi, qui recevait sans cesse de nouveaux renforts, obligèrent en fin de compte les troupes turques à abandonner leurs positions et à passer sur la rive gauche de la rivière. Maîtres de la colline IV, les Russes y établirent un corps nombreux d'infanterie, puis une batterie dont le feu fut dirigé sur Kirmezitépé déjà attaqué par d'autres batteries. Malheureusement les Turcs n'avaient pas un seul canon dans cet ouvrage; sous le feu de l'artillerie, à laquelle ils ne pouvaient répondre, ils attendaient de pied ferme dans les tranchées, une attaque imminente de l'ennemi. Les Russes lancèrent leurs colonnes d'assaut à la fois contre le Kirmezitépé et les collines II et III qui se trouvent sur la même ligne. Les soldats turcs tinrent bon dans le principe; mais démoralisés par l'abandon de la colline IV et accablés par le nombre, ils finirent par abandonner leurs positions et se réfugièrent sur la rive gauche de l'Osma.

Avant de commencer l'attaque de la colline VIII, la plus importante des positions de Lofdscha, les Russes canonnèrent la redoute qu'on y avait élevée en faisant converger sur elle les feux de 80 pièces en batterie sur les hauteurs de la rive droite, sans parvenir toutefois à la faire évacuer par ses défenseurs. Puis, sur la droite, ils firent avancer leurs troupes vers la ville avec l'intention de franchir la rivière. Cette colonne, accueillie par une fusillade bien nourrie de la redoute, perdit beaucoup de monde; mais, recevant constamment des renforts, elle continua néanmoins sa marche, en tirant parti des accidents de terrain, et s'abritant derrière les nombreuses meules de paille disséminées dans les champs de la rive gauche, finalement elle franchit l'Osma, pendant que l'aile gauche de l'ennemi pénétrait également dans la ville. Ces troupes formant alors quatre colonnes disposées en demi-cercle, se lancèrent à l'attaque de la redoute. Les Turcs résistèrent avec courage, mais les deux compagnies qui se trouvaient dans le cimetière furent obligées de se replier, et les Russes, se rapprochant de ce côté, pouvaient tenter l'assaut. Il était dès lors impossible de prolonger la résistance; Rifaat pacha, abandonnant la redoute à la tombée de la nuit, se retira en bon ordre, et tout en continuant à combattre. Il avait eu soin préalablement de faire partir les pièces d'artillerie qui s'y trouvaient, et il les avait envoyées sur la route de Mékri. Ayant rallié ses troupes, il prit par les montagnes le chemin de Plevna, et y arriva deux jours après avec son artillerie et les restes de sa brigade. Il y recueillit, les jours suivants, un assez grand nombre de soldats qui n'avaient pu, au moment du départ, rejoindre leurs camarades, et s'étaient échappés dans toutes les directions. Quant aux habitants musulmans de Lofdscha, ils avaient quitté la ville et s'étaient jetés dans la montagne.

Les pertes des Turcs s'élevèrent à 2,000 hommes, officiers et soldats.

Les défenseurs de Lofdscha déployèrent autant de
bravoure que d'énergie ; leur commandant, Rifaat pacha, auquel ses adversaires eux-mêmes rendirent justice, opposa aux Russes une résistance d'autant plus
remarquable, que son infanterie était dix fois moins
nombreuse, son artillerie douze fois moins forte que
la leur. Le combat de Lofdscha, néanmoins, coûta cher
à l'ennemi, et la victoire serait sans doute restée aux
troupes turques, si leur infériorité numérique n'avait
pas été si grande (1).

§ 4. — Marche en avant et retraite de la division envoyée au secours de Lofdscha.

Le 1er septembre, les troupes stationnées au sud de
Plevna entendirent quelques coups de canon dans la
direction de Lofdscha. On prévint aussitôt le quartier
général.

Le lendemain ces coups de canon se renouvelèrent,
tantôt fréquents, tantôt à longs intervalles ; mais comme
le bruit était sourd et étouffé, on supposa d'abord qu'il
provenait de Gabrovo et non de Lofdscha. Bientôt, en
observant que les mouvements de l'air causés par la
grande chaleur contrariaient la propagation du son, on
fut amené à conclure que, suivant toute probabilité,
l'ennemi attaquait Lofdscha.

Cette supposition ne tarda pas à être confirmée par
l'interruption des communications télégraphiques entre

---

(1) Voir n° 8 des annexes.

Plevna et Lofdscha. Toutefois, la ville n'étant pas complètement investie, on put encore correspondre pendant huit heures, au moyen de dépêches transmises par des cavaliers. Dans une première lettre, Rifaat pacha donnait au Muchir des renseignements sur la force et les mouvements de l'ennemi.

La position de Lofdscha est fortifiée pour ainsi dire par la nature, on ne peut l'attaquer que par deux routes et un défilé d'une facile défense.

D'autre part, au quartier général turc on pensait que les Russes, désireux de prendre leur revanche du combat de Pélischat, devaient être uniquement occupés à préparer un troisième assaut contre Plevna. Le Muchir croyait donc la garnison de Lofdscha suffisante pour faire face à toute éventualité; il ordonna à Rifaat pacha de tenir tête à l'ennemi et il répondit encore dans le même sens à une deuxième lettre de ce général. Mais Osman pacha changea d'avis dans la matinée du 2 septembre à l'arrivée d'une troisième dépêche, et il résolut de se porter au secours de Lofdscha, en ne laissant à Plevna que les troupes strictement nécessaires pour assurer la garde des ouvrages. Il réunit 20 bataillons d'infanterie, trois batteries d'artillerie et deux escadrons de cavalerie régulière avec le régiment de cavalerie auxiliaire de Salonique et un petit nombre de cavaliers circassiens; puis, confiant à Adil pacha la garde de Plevna, il quitta le camp le 3 septembre vers midi avec Hassan-Sabri pacha, le chef d'état-major Tahir pacha, les généraux de brigade Emin pacha et Ahmed pacha, et suivit, au sortir de la vallée du Caïalidéré, la chaussée qui conduit à Lofdscha. La colonne formait deux brigades et une réserve. Elle se déploya sur les hauteurs en faisant éclairer sa marche par la cavalerie. Deux bataillons (1) qui, sous le commandement du colonel Younous bey, devaient aussi faire partie de l'expédition, passant entre les points 23 et J, rejoignirent le corps central. Lorsque l'aile droite fut arrivée au point 27, près du village de Krichine, on lança les éclaireurs de cavalerie vers les hauteurs situées en avant et au sud du village.

A trois heures de l'après-midi, la colonne avait dépassé ces hauteurs, quand on aperçut à gauche et venant de Bogot, un détachement ennemi auquel on envoya quelques obus. Une heure après, les Russes établirent une batterie sur les hauteurs qui s'élèvent en face des ouvrages du colonel Younous bey, et ils canonnèrent ces ouvrages. En même temps, d'autres batteries ouvraient le feu sur les hauteurs situées à l'est de Grivitza et de Radischevo. L'ennemi cherchait évidemment à faire croire aux Turcs qu'il voulait profiter de l'absence d'Osman pacha pour attaquer Plevna, tandis qu'en réalité son but était de retarder la marche des troupes de secours, sinon de les arrêter. Le maréchal ne se laissa pas induire en erreur par ces démonstrations.

Il déploya sur son flanc gauche, contre lequel tiraillait l'infanterie ennemie deux compagnies de chasseurs; ce mouvement, appuyé par quelques volées de coups

---

(1) Rédifs milas (2e ban) et Slivno (1er ban).

de canon, suffit pour décider l'ennemi à la retraite. Osman pacha, laissant alors deux bataillons de soutien aux batteries qui protégeaient son flanc gauche, fit obliquer à droite toute sa colonne, afin d'augmenter la distance qui le séparait des positions ennemies.

On évita encore dans la soirée un autre détachement ennemi; mais à la chute du jour on n'était pas encore en vue de Lofdscha, bien qu'il n'y eût par la route directe que trois heures et demie de marche de Plevna à Lofdscha. La colonne avait quitté la grande route; l'état-major ne connaissait pas la topographie du pays, et il ignorait l'état d'entretien de la route à parcourir; on se trouvait dans la zone des opérations de l'ennemi; une marche de nuit parut contraire aux principes de l'art de la guerre; Osman pacha se décida à passer la nuit là où il se trouvait.

Le lendemain matin, dès l'aube, la colonne se remit en route; on n'entendait plus l'artillerie; ce silence était fort inquiétant, car il faisait craindre que Lofdscha ne fût tombée au pouvoir de l'ennemi. On en acquit la triste certitude au moment où la tête de colonne commençait à descendre dans la plaine, à la vue des mouvements de troupes qui s'opéraient dans le lointain autour de la ville. Les secours arrivaient trop tard. Renonçant donc à continuer sa marche, le Muchir chercha par les hauteurs un autre chemin pour aller voir de plus près ce qui se passait à Lofdscha. Vers trois heures on atteignit une colline d'où l'on découvrait la ville et ses environs. La colonne s'y établit, on plaça les avant-postes sur les pentes du côté de la ville; les officiers d'état-major reconnurent un chemin conduisant à Lofdscha et le Muchir s'y engagea avec quelques escadrons. Dès que les Russes aperçurent les cavaliers ottomans, ils firent prendre les armes aux troupes; Osman pacha compta, en avant et autour de la ville, plus de dix-huit bataillons prêts à combattre. Il réunit alors ses officiers supérieurs et il les consulta sur l'opportunité d'une attaque : les avis furent très divisés, on insista sur la gravité d'un échec dont le contre-coup se ferait sentir à Plevna.

Osman pacha fit remarquer en outre que, même au cas où l'on reprendrait Lofdscha, on ne pourrait pas s'y établir solidement avant d'avoir reçu des renforts de Constantinople, sans s'exposer au danger de dégarnir Plevna. On se résigna donc à attendre une meilleure occasion, et le lendemain 5 septembre, dès l'aube du jour, la colonne commença son mouvement de retraite vers Plevna.

Nous avons dit que pendant la marche d'Osman pacha sur Lofdscha, on avait aperçu vers la gauche un détachement russe qui, pour arrêter les Turcs, avait installé une batterie sur les hauteurs de Krichine, vraisemblablement le long de la chaussée. Afin d'éviter ce détachement, on prit, plus à l'ouest, un chemin qui conduit également de Lofdscha à Plevna. La colonne arriva dans la soirée au point d'intersection des vallées de Ternina et de Kartouschaven à proximité du Vid, endroit où elle passa la nuit, et le 6 septembre, elle rentra sur les six heures du matin à Plevna où on l'attendait avec anxiété.

CHAPITRE IV

COMBATS LIVRÉS DU 7 AU 12 SEPTEMBRE.

§ 1er. — POSITIONS OCCUPÉES AVANT LA BATAILLE
ET EMPLACEMENT DES TROUPES.

Le soir même de la rentrée de la colonne à Plevna,
Osman pacha, par un ordre spécial, fit savoir aux
troupes que, selon toutes probabilités, elles seraient
attaquées le lendemain, et qu'il fallait par conséquent
redoubler d'attention et de vigilance.

L'armée avait reçu des renforts assez importants et
l'on avait fortifié les hauteurs autour de Plevna de manière à pouvoir opposer une résistance des plus sérieuses. Au nord, au nord-ouest et au nord-est, les ouvrages et retranchements étaient les mêmes qu'à l'époque de la seconde bataille; mais on les avait renforcés;
on avait complété le système défensif, en construisant
deux redoutes carrées au nord-est du village d'Opanetz,
un emplacement de batterie au sud de ce village pour
défendre le pont, une batterie au point n° 3, deux batteries au point n° 5, une batterie et un redan au point

n° 6, deux redoutes carrées sur la crète C, nommées, l'une Bach-Tabia, l'autre Grivitza-Tabia et plus tard Canli-Tabia (1); elles étaient séparées par une légère dépression de terrain. Au sud, au sud-est, et au sud-ouest, on avait élevé de nouveaux ouvrages : d'abord, au point n° 14, une redoute rectangulaire (ouvrage d'Ibrahim bey) ayant deux côtés de 90 pas et deux autres de 100 pas de longueur, pour deux bataillons et quatre canons; puis, en arrière du côté de Plevna, au point n° 12, une redoute carrée (Arab-Tabia) pour un bataillon. Entre ces deux positions, au point n° 11, on avait réparé et amélioré la batterie de 4 canons construite par Atouf pacha lors de la deuxième bataille. On avait élevé à l'est de ce point, sur l'escarpement n° 13 qui domine la vallée de la Grivitza, un ouvrage hexagonal (Tchoroum-Tabia); on avait achevé une lunette au point n° 33 entre les points n° 15 et n° 10, et, au point n° 10, une redoute carrée pour un bataillon (Ichtyat-Tabia).

Du point n° 15 au point n° 10, on avait creusé deux lignes de tranchées-abris qui défendaient le vallon situé en avant, la vallée de la Grivitza, ainsi qu'un petit défilé par où l'on est contraint de passer en venant de Janik-Baïr. Ces lignes furent occupées d'abord par quatre compagnies, puis par un bataillon.

La batterie placée au quartier général avait été renforcée et agrandie. Au point n° 16, se trouvait une redoute carrée avec quatre canons (ouvrage d'Omer bey

---

(1) Redoute sanglante.

ou de Yuzgad), avec des abris pour l'infanterie sur les côtés et un chemin couvert dans la direction du point n° 11 ; vers le milieu de ce chemin couvert, on avait préparé un emplacement pour deux canons. Enfin, sur les pentes d'où l'on découvre la vallée du Caïalidéré, on avait creusé quelques tranchées-abris et des trous pour tirailleurs.

Du côté du sud, on avait construit, au point n° 18, pour battre la vallée du Caïalidéré, un ouvrage ouvert du côté de l'ouest, et, au point n° 19, un ouvrage semblable (ouvrage de Kovanlek).

Ces deux ouvrages étaient reliés entre eux par une tranchée-abri ; des retranchements, creusés perpendiculairement à la ligne de défense, se prolongeaient en arrière jusqu'à la ville. Dans chacun d'eux on avait mis quatre compagnies et un canon. Quelques tranchées avaient été creusées, en avant du point n° 18, sur les crêtes n° 25 ; les quatre compagnies y avaient leurs grand'gardes et leurs petits postes.

À l'ouest du point n° 19, on avait construit : au point n° 20, une redoute carrée pouvant contenir de deux à trois bataillons (ouvrage de Baghlarbachi ou de Nisch, 2ᵉ ban, du nom du bataillon de rédifs qui l'occupait) ; au sud-ouest, vers le point n° 21, une redoute carrée (ouvrage de Milas 2ᵉ ban) ; plus à l'ouest au point n° 22, un ouvrage de forme pentagonale (ouvrage de Talaat bey), renfermant deux canons et le 2ᵉ bataillon du 4ᵉ régiment nizamié de la IIᵉ armée. Cet ouvrage, élevé lors du retour d'Osman pacha de Lofdscha, remplaçait une batterie primitivement établie au-dessus de la vallée de

Ternina; il était destiné à défendre le revers de la colline 23.

Dans la direction de Lofdscha, c'est-à-dire vers le sud et à environ 970 pas, s'élevait une redoute carrée de 67^m de côté (ouvrage de Younous bey) pouvant contenir deux ou trois bataillons, et occupée seulement par le 3e bataillon rédif de Slivno avec trois canons.

Enfin, on avait construit au point n° 32 un emplacement de batterie pour deux pièces et des retranchements pour un bataillon, en vue de défendre le pont du Vid. On voit que chaque ouvrage était occupé par un ou deux bataillons avec un ou plusieurs canons; le reste des troupes était en réserve, au quartier général, prêt à marcher vers les points menacés.

L'armée comptait à ce moment 45 bataillons d'infanterie, 7 escadrons de cavalerie régulière, un régiment de cavalerie auxiliaire de Salonique, un petit nombre de cavaliers circassiens et 70 canons de campagne. Elle formait 3 divisions de 12 bataillons, et une réserve générale de 9 bataillons. La division d'Adil pacha seule occupait des positions rapprochées les unes des autres; elle était répartie sur les fronts nord-ouest, nord, nord-est. Quant aux troupes des autres divisions, une partie gardait les ouvrages, tandis que l'autre partie restait en réserve au point n° 9 à côté du quartier général.

Les généraux Hassan-Sabri pacha, Tahir pacha, Emin pacha, Atouf pacha avaient été chargés de diriger la défense des points les plus importants.

§ 2. — BOMBARDEMENT ET COMBATS LIVRÉS
DU 7 AU 11 SEPTEMBRE.

Le vendredi 7 septembre, au lever du soleil, l'ennemi se montra sur les hauteurs au delà de Grivitza, et sur celles de Radischevo ; il ouvrit aussitôt le feu de ses batteries, préludant à l'attaque annoncée la veille par Osman pacha. Les ouvrages turcs ripostèrent ; le Maréchal, en vue de renforcer les positions qui semblaient être l'objectif de cette attaque et plus particulièrement celles qui défendent la vallée du Caïalidéré, répartit la majeure partie des troupes et de l'artillerie de sa réserve comme il est dit ci-après :

Front sud-est. — Le général Atouf pacha, établi dans l'ouvrage n° 11, avait sous ses ordres : 1° l'ouvrage d'Atouf pacha avec 4 canons, et 2 bataillons (rédifs, de Silistrie 1er ban et Ineboli 1er ban) ; 2° l'ouvrage d'Arab-Tabia et ses tranchées-abris avec 4 canons et 3 bataillons (3e bataillon de chasseurs de la Ire armée, 5e bataillon de chasseurs de la Ve armée, bataillon rédif d'Aïntab 2e ban), commandé par le colonel d'état-major Tewfik bey ; 3° l'ouvrage d'Omer bey et ses tranchées-abris avec 2 canons et 3 bataillons (un bataillon du 2e régiment nizamié de la IIIe armée, bataillons rédifs de Yuzgad 1er ban et de Drama 2e ban), commandé par le colonel Omer bey ; 4° l'ouvrage d'Ibrahim bey avec 4 canons et 2 bataillons (1er et 2e bataillons du 5e régiment nizamié de la IIe armée) ; 5° l'ouvrage de Tchoroum ou Kara-Agatch, avec 4 canons et 2 bataillons (rédifs de Tchoroum 1er ban et Angora 1er ban).

Soit : 11 bataillons et 18 canons.

Front est : Le général de brigade Rifaat pacha était chargé de la défense de l'ouvrage Ichtyat avec 6 canons et 3 bataillons (1er bataillon de chasseurs de la Ve armée et deux autres bataillons); il avait à sa disposition la batterie du quartier général (6 canons) et la réserve (4 bataillons et 2 canons).

Soit : 7 bataillons et 14 canons.

Front sud : Le chef d'état-major Tahir pacha commandait toute la ligne entre l'ouvrage d'Omer bey et la vallée du Caïalidéré : il avait sous ses ordres les bataillons rédifs d'Ischtib 2e ban et de Zafranboli 1er ban dans des tranchées-abris et quatre pièces de montagne.

Soit : 3 bataillons et 4 canons.

Pour donner plus d'unité à la défense de ce côté, on enleva les ouvrages d'Issa-Agha n° 18 et de Kovanlik n° 19 au colonel Younous bey, qui en était trop éloigné, et on les confia au lieutenant-colonel d'état-major Riza bey, qui fut placé sous les ordres de Tahir pacha. En allant prendre la direction de la défense sur ces deux points, Riza bey amena un bataillon rédif de Monastir (2e ban). Il établit ses deux bataillons dans les deux ouvrages et les tranchées-abris, puis s'installa lui-même, avec deux canons, dans l'ouvrage de Kovanlik, laissant le chef de bataillon Issa-Agha dans celui du point 18.

Front sud-ouest : Le colonel Younous bey, installé dans l'ouvrage n° 23, avait sous ses ordres : 1° l'ouvrage de Younous bey, n° 23 (2 bataillons, 3 canons); 2° l'ouvrage de Talaat bey, n° 22 (1 bataillon, 2 canons); 3° l'ouvrage de Milas, n° 21 (1 bataillon); 4° l'ouvrage de Baghlar-Bachi, n° 20 (1 bataillon).

Soit : 5 bataillons et 5 canons.

Front nord-ouest : Le colonel Suléiman bey avait sous ses ordres les deux redoutes d'Opanetz et la batterie dirigée vers le pont (6 canons, 2 bataillons); on lui avait prescrit de redoubler de vigilance et de ne pas se laisser tromper par l'inaction apparente de l'ennemi.

Fronts nord et nord-est : Depuis le commencement des opérations, Adil pacha avait la défense de ce secteur. Il s'était installé au point n° 5; tandis que le général Edhem pacha s'établissait au point n° 6; les ouvrages de la crête du Janik-Baïr étaient occupés par 7 bataillons et défendus par 9 canons.

Le point n° 5 était parfaitement visible du quartier général; comme les ouvrages de Grivitza, en raison de leur position avancée, semblaient être les plus exposés aux attaques de l'ennemi, on les avait reliés au quartier général par un fil télégraphique partant de Bach-Tabia (point n° 7). Les troupes qui gardaient ces ouvrages furent renforcées, au début du bombardement. Leur commandant, le colonel Hafouz-Abdul-Hezel bey occupait l'ouvrage principal Bach-Tabia (point n° 7) avec 4 pièces et 2 bataillons (1er et 3e bataillons du 2e régiment nizamié de la IIe armée); la deuxième redoute, Canli-Tabia, était occupée par 2 canons, dont un de montagne et 1 bataillon (2e bataillon du 2e régiment nizamié de la IIe armée).

Le 7 septembre, le combat d'artillerie dura jusqu'au soir, sans que l'ennemi tentât la moindre attaque. A la tombée de la nuit, les Russes cessèrent le feu ; ils le reprirent à minuit, en tirant au hasard toutes les quinze à vingt minutes, avec l'intention de tenir les troupes ottomanes en éveil et de les fatiguer. Ces coups de canon partaient pour la plupart des collines G, situées au sud-est de Radischevo. La nuit était fort obscure, il était inutile de gaspiller des munitions : on se contenta d'envoyer quelques obus dans la direction du plateau découvert de Grivitza, afin de constater la justesse du tir, que l'on avait réglé dans la journée.

Le samedi 8 septembre, l'ennemi continua à tirer sur les mêmes points que la veille ; mais il était facile de voir, à l'intensité du feu, qu'il avait dû augmenter considérablement le nombre de ses pièces. Il avait dressé dès le matin, sur le plateau en arrière du village de Grivitza, près de la route de Pélischat, un mât sur lequel se tenait un homme en vigie ; il installa, un peu plus tard au même point, une batterie de pièces de gros calibre qui bombarda la ville et le front est.

Cependant le tir augmentait de violence ; les batteries russes à l'est de Radischevo, s'avançant de position en position, se rapprochaient beaucoup de Grivitza. Quoique leurs canons de campagne fussent d'un calibre inférieur à celui des pièces ennemies, les artilleurs turcs sans se laisser effrayer par cette pluie de feu, ripostèrent vigoureusement, tout en ménageant le plus possible les munitions.

A midi environ, les batteries ennemies s'avancèrent à

découvert, cherchant des emplacements favorables aux abords de la place. Peu après, on aperçut dans le lointain des troupes d'infanterie et de cavalerie qui, venant du village de Bogot, s'élevaient sur les collines M, au point où passe la route de Lofdscha. Le colonel Younous bey les fit canonner par l'artillerie de l'ouvrage n° 23. Quelques obus bien dirigés tombant sur cette colonne, suffirent pour la décider à se retirer en arrière des crêtes M. Vers trois heures, les Russes établirent au point S, entre les villages d'Outchindol et de Brestovetz, une batterie de 8 pièces qui ouvrit aussitôt le feu. L'ouvrage de Younous bey lui répondit avec tant de précision, qu'elle ne put rester sur ce point; elle se retira vers les crêtes M d'où elle recommença son tir. L'ennemi amena alors environ quinze canons, qu'il mit en batterie à cheval sur la route de Lofdscha, sur le versant en face de Plevna. Ces pièces canonnèrent sans relâche l'ouvrage de Younous bey, pendant que des masses d'infanterie et de cavalerie, débouchant du village d'Outchindol et de la route de Lofdscha, cherchaient à pénétrer dans le vallon de Brestovetz. Du côté de Radischevo et de Grivitza, les batteries russes ne cessaient pas de canonner les ouvrages turcs; les troupes exécutaient quelques mouvements en avant des redoutes n°s 7 et 8 près du point C.

La nuit survint sans autre action que ce combat d'artillerie. De même que la nuit précédente, les Russes continuèrent à tirer, pour fatiguer les troupes ottomanes et les empêcher de réparer les dégâts causés par le bombardement de la journée. Les batteries turques répondirent de temps à autre, mais seulement dans la direction de Grivitza.

Le lendemain, dimanche 9 septembre, dès l'aube, les Russes augmentèrent de nouveau l'intensité de leur feu toujours dirigé vers les mêmes points. Les Turcs léur répondirent avec plus de vivacité que les jours précédents. Des masses d'infanterie et de cavalerie russes se montrèrent encore sur la route de Lofdscha; elles ne tardèrent pas à s'établir en deçà du village de Brestovetz. De l'ouvrage 23 (de Younous bey) on aperçut distinctement 8 bataillons qui descendaient dans la vallée de Brestovetz; on leur envoya quelques obus et on prévint aussitôt le Muchir.

Vers onze heures et demie, un projectile russe tomba sur un des trois caissons abrités dans l'ouvrage de Younous bey; deux caissons firent explosion, en tuant ou blessant une cinquantaine d'hommes. Malgré les pertes qu'elles venaient d'éprouver, les deux compagnies de garde réstèrent à leur poste sur les banquettes de l'ouvrage et ne cessèrent pas leur feu. Younous bey, renversé par les éclats de terre et de pierres, ne perdit pas un instant son sang-froid et continua à diriger la défense. L'ennemi avançait toujours; un détachement russe partant de la crête I cherchait à se glisser dans un pli de terrain couvert de vignes et d'arbres fruitiers, assez rapproché de l'ouvrage n° 23 : on envoya immédiatement une compagnie de ce côté et on avertit Osman pacha.

Le Muchir jugea indispensable de chasser l'ennemi de ce point; il y envoya, du quartier général, le général de brigade Emin pacha avec trois bataillons (1) et des pièces de campagne. Parvenus au point *a*, où trois compagnies du bataillon rédif de Visch, 3ᵉ ban, placées en avant de l'ouvrage Baghlar-Bachi, avaient creusé des tranchées, les trois bataillons se déployèrent et engagèrent la lutte avec les Russes déjà arrivés au point *b*. Dépassant les trois compagnies, ces bataillons s'avancèrent, l'aile droite en avant, chargèrent l'ennemi, le repoussèrent jusqu'à la crête I et prirent position au point *b*. A la fin de la journée, Osman pacha envoya deux bataillons de renfort à Emin pacha ; on avait fait quelques prisonniers d'origine tartare.

Emin pacha devait, le lendemain 10 septembre, continuer son attaque et tâcher de déloger l'ennemi des positions qu'il occupait sur la crête I. Pour remplir sa mission, il lui fallait des renforts. L'arrivée de trois bataillons envoyés dans la nuit par le Muchir, porta à huit le nombre des bataillons dont il disposait, pour l'affaire du lendemain. Il les établit dans les vignes sur deux lignes, la première déployée en bataille, la seconde massée en réserve. L'artillerie des ouvrages nᵒˢ 23, 18, 19, qui commandent les pentes descendant vers le Caïalidéré, devait appuyer le mouvement d'Emin pacha.

Comme on peut le voir à l'inspection de la carte, la route de Lofdscha parcourt un terrain ondulé et couvert.

Voulant attaquer simultanément les troupes russes

---

(1) Rédifs d'Angora 2ᵉ ban, d'Assi Yozgad 3ᵉ ban, Karahissar 1ᵉʳ ban de la IIᵉ armée.

11

qui venaient perpendiculairement à son front par la route de Lofdscha et celles qui étaient déjà établies parallèlement à cette route, Emin pacha marcha vers le sud avec 6 bataillons, en détachant 2 bataillons (1) face à gauche.

Après un engagement qui ne lui coûta qu'une dizaine de tués ou blessés, il parvint à s'emparer de la crête I; mais les Russes, arrivant en forces par la route de Lofdscha, occupèrent les vallées de Brestovetz et d'Outchindol, et formèrent leurs colonnes d'attaque.

Emin pacha appela l'attention du Muchir sur le danger auquel il s'exposait, en essayant de défendre plus longtemps une position avancée, aussi isolée, avec des troupes inférieures en nombre à celles de l'ennemi; et il reçut, dans la soirée, l'ordre de battre en retraite.

Pendant la nuit Emin pacha se replia sur les collines situées au sud et en avant des ouvrages n°s 18, 19, 20, appuyant son aile droite à l'ouvrage de Younous bey et se reliant à gauche avec les troupes qui occupaient la crête n° 25.

En prévision d'une attaque générale, qui semblait désormais imminente, Osman pacha, dans l'après-midi, compléta les dispositions défensives par l'envoi de troupes fraîches et de munitions sur les points les plus menacés. Trois bataillons sous les ordres du lieutenant-colonel Mehmed-Nazif bey furent dirigés du quartier général vers le point 18, au-dessus de la vallée du Caïa-

---

(1) Rédifs d'Assi Yozgad 3° bän et de Karahissar 1er Bän.

lidéré. Le bataillon de chasseurs du 5ᵉ corps d'armée et 4 compagnies du bataillon d'Eregli furent établis sur la crête n° 25 ; les quatre autres compagnies et le bataillon de Djouma étaient placés un peu en arrière de façon à battre la vallée. Un bataillon de rédifs de Sérès, 2ᵉ ban, fut envoyé à Riza bey qui se trouvait dans l'ouvrage n° 19.

Pendant la journée du 10, l'ennemi continua jusqu'au soir à canonner l'ouvrage de Younous bey. L'artillerie des ouvrages nᵒˢ 18 et 19 avait pris comme objectif de tir les hauteurs de Radischevo ; elle cherchait à éteindre les feux des batteries russes.

La lutte fut encore plus vive que les jours précédents, du côté de Grivitza, entre Radischevo et les ouvrages d'Ibrahim bey et d'Atouf pacha. Vers trois heures, un projectile fit sauter un dépôt de munitions dans le premier de ces ouvrages ; l'explosion blessa ou tua vingt-cinq soldats.

Au même moment, les projectiles des batteries turques faisaient sauter, sur deux points, les caissons de munitions des Russes et incendiaient le village de Radischevo. Vers le soir, les abris en branchages construits par les Turcs en arrière des redoutes de Grivitza prirent feu. Le spectacle offert par le champ de bataille était vraiment effrayant. Les batteries russes, qui s'étendaient sur un périmètre de deux ou trois lieues, tiraient sans interruption du haut des collines ; les ouvrages turcs ripostaient énergiquement, et d'épais nuages de fumée provenant des incendies allumés de part et d'autre obscurcissaient le ciel.

§ 3. — BATAILLE DU 11 SEPTEMBRE.

Combats livrés à l'aile droite.

Le mardi 11 septembre, l'ennemi, pour masquer le mouvement de ses troupes, fit canonner les lignes turques avec une extrême violence; il réoccupa avant le jour la crête I et ses abords évacués la veille par Emin pacha.

A l'aube, le temps était couvert, le ciel brumeux; les environs de Plevna étaient noyés dans le brouillard et la fumée des batteries; l'horizon était très borné. L'ennemi en profita pour amener en avant de la crête I, jusqu'au point J, à 2,400 pas de l'ouvrage de Younous bey, une batterie qui fit pleuvoir une grêle de projectiles sur cette redoute, tout en lançant de temps à autre quelques obus sur les ouvrages n° 19 et n° 18. En même temps, les Russes faisaient arriver leur infanterie entre le point J et l'ouvrage de Younous bey, et la poussaient dans la direction de l'ouvrage n° 18, sans se préoccuper du feu des pièces de Younous bey.

L'ennemi paraissait vouloir gagner Plevna par la vallée du Caïalidéré, couper en deux l'armée ottomane et se rendre maître de la ligne de défense, au moyen d'une attaque vigoureuse dirigée contre la plus faible des deux fractions de cette armée. Osman pacha, désirant acquérir la preuve des intentions qu'il prêtait aux Russes, engagea une correspondance télégraphique avec Emin pacha et Younous bey, qui se trouvaient alors tous deux dans l'ouvrage n° 23.

On l'informa que « l'ennemi s'était rapproché des ouvrages ; treize à quatorze bataillons et un régiment de cavalerie étaient descendus dans la vallée d'Outchindol ; à chaque instant, d'autres colonnes ennemies venaient prendre position en avant du village de Brestovetz ; pour soutenir Younous bey ainsi que Mehmed-Nazif bey, on avait déployé un bataillon et demi en tirailleurs à l'est de l'ouvrage n° 23, dans la direction de la route de Lofdscha, et trois bataillons et demi dans les fossés des vignes, en avant de l'ouvrage de Kovanlek ; enfin les trois autres bataillons, destinés à servir de réserve, se trouvaient concentrés en arrière de ces positions et cachés aux vues de l'ennemi. »

Osman pacha trouva les troupes trop dispersées et la réserve trop faible. Il prescrivit de diminuer l'étendue du front de la première ligne et d'en retirer un bataillon, qui passerait à la réserve ; puis il demanda si l'arrivée de 5 ou 6 bataillons de renfort permettrait de prendre l'offensive. Emin pacha répondit qu'un mouvement de ce genre pouvait à la rigueur être tenté, si l'aile gauche des troupes d'attaque était fortement constituée et si les canons de l'ouvrage n° 23 appuyaient efficacement la marche en avant. Osman pacha, après réflexion, jugea préférable de garder la défensive et il fit sagement, car Emin pacha, engagé dans une position avancée, contre des forces supérieures, aurait été sans doute enveloppé par les Russes et pris ou tué avec tous ses soldats.

Pendant qu'Emin pacha, exécutant les modifications prescrites par le Muchir, éloignait un peu ses ailes de leurs points d'appui et diminuait l'étendue de sa ligne de bataille, les tirailleurs ennemis approchaient et ils commençaient le feu, qui ne tarda pas à devenir très vif et à embrasser toute la ligne.

Emin pacha rappela les deux compagnies que Younous bey avait placées en dehors de sa redoute pour surveiller le vallon boisé, situé en avant et à gauche dans la direction de la colline verte I. Des feux de compagnie et de bataillon exécutés par l'aile gauche et le centre de la ligne turque forcèrent l'ennemi à ralentir son mouvement ; néanmoins l'artillerie russe put venir se mettre en batterie devant l'aile gauche d'Emin pacha au point J. A midi, il tombait une pluie fine ; le brouillard s'épaissit et l'ennemi en profita pour prendre ses dernières dispositions d'attaque. Vers une heure et demie, un combat de tirailleurs s'engageait à gauche d'Emin pacha, puis gagnait toute la ligne.

En même temps, un détachement ennemi, avec de la cavalerie, attaqua les bataillons du lieutenant-colonel Mehmed-Nazif bey, qui gardaient la crête n° 25. Le bataillon de chasseurs du Ve corps et les quatre compagnies de celui d'Eregli réussirent d'abord, grâce à une vive fusillade, à repousser l'ennemi ; mais, par suite de l'effectif insuffisant des troupes, on n'avait pu occuper le terrain compris entre la droite des troupes de Mehmed-Nazif bey et la gauche de celles d'Emin pacha ; l'ennemi, par cette trouée, se glissa à travers les vergers jusque devant l'ouvrage n° 19. Le bataillon de chasseurs essaya par son feu de l'arrêter, mais il ne put y réussir et il l'empêcha seulement de couronner la crête n° 25.

A ce moment Emin pacha, qui avait repoussé la première attaque de l'ennemi, voulant profiter de cet avantage, fit sonner la charge. Comme ses troupes n'avançaient pas, il pensa que l'ennemi devait avoir débordé son aile gauche et cherchait à le prendre de flanc. Il fit aussitôt et à deux reprises sonner un changement de front à gauche, au pas gymnastique. Si cet ordre avait été donné plus tôt et si la ligne entière avait pu exécuter le mouvement, les Russes auraient été gravement compromis; mais les deux bataillons à l'aile droite ne s'ébranlèrent qu'au deuxième signal du clairon; ils avaient à peine fait vingt à trente pas qu'ils se virent arrêtés par une attaque soudaine de l'ennemi. Emin pacha fit immédiatement sonner : En retraite, afin de regagner avant l'ennemi sa première ligne de bataille; mais les troupes, au lieu de s'arrêter dans les fossés des vignes, continuèrent leur mouvement en arrière, sans toutefois cesser de combattre.

Le Maréchal avait donné au lieutenant-colonel Riza bey, l'ordre d'envoyer un de ses bataillons à Emin pacha, dans le cas où celui-ci serait trop vivement pressé.

Riza bey disposait alors de trois bataillons, dont deux gardaient les ouvrages nᵒˢ 18 et 19, les tranchées-abris intermédiaires et celles que l'on avait poussées, sur une longueur de 120 pas, au delà de l'ouvrage nᵒ 19, dans la direction de l'ouvrage nᵒ 20; le troisième bataillon occupait la ligne de faîte du plateau et les communications en arrière. Riza bey détacha ce dernier, au moment où Emin pacha se trouvait dans une situation critique. Ce bataillon, trop faible pour arrêter les troupes en désordre, fut entraîné avec elles dans leur mouvement de retraite. Le chef de bataillon Ali-Ghalib effendi fut tué dans la mêlée; Emin pacha, lui-même, fut blessé quelques minutes plus tard et les soldats turcs privés de leur chef se débandèrent complètement.

Pendant ce temps, l'ennemi continuait à avancer; un groupe de dix à quinze soldats russes, passant entre les ouvrages n°s 19 et 20, parvint même à s'introduire dans l'ouvrage n° 19. L'épaisseur du brouillard empêchait les soldats turcs d'apprécier la force de l'ennemi; ils crurent avoir affaire à de nombreux assaillants et commencèrent à évacuer l'ouvrage, en emmenant un des canons. Ce coup de main de hasard devait sa réussite à ce que l'ouvrage n° 19, comme celui n° 18, était ouvert à la gorge.

C'était un des nombreux retranchements qu'Osman pacha, voulant évacuer Plevna après les combats des 30 et 31 juillet, avait fait élever au sud de la ville, pour protéger la retraite de l'armée.

Une fois entrés dans l'ouvrage, les soldats russes se trouvèrent en face des quelques Turcs qui y étaient restés. La surprise et l'étonnement furent si grands de part et d'autre, que Russes et Turcs restèrent immobiles pendant quelques minutes. Mais, grâce à l'énergie de Riza bey et de ses officiers, les soldats turcs reprenant plus vite leur sang-froid, se jetèrent sur les Russes et les tuèrent tous à coup de baïonnette; en même temps, les soldats turcs qui s'étaient enfuis rentraient dans l'ouvrage et repoussaient l'ennemi, au moment où il tentait l'escalade des retranchements.

Quand Osman pacha sut qu'Emin pacha était blessé, il désigna Rifaat pacha pour le remplacer, et il envoya successivement deux bataillons de renfort pris sur d'autres points. Rifaat pacha, arrivant à l'ouvrage n° 18, s'efforça de rallier les troupes débandées; il détacha 4 compagnies du 3° chasseurs (envoyé par le Muchir), partie dans l'ouvrage n° 19, partie dans les tranchées-abris et il plaça les autres sur la droite, dans un petit bois du côté de l'ouvrage de Baghlar-Bàchi.

Au moment où la ligne de bataille d'Emin pacha était percée, Younous bey crut l'ouvrage n° 23 bien compromis; il craignit de n'avoir pas le temps de sauver plus tard son artillerie, et il lui était alors difficile d'en faire usage, car les troupes turques étant mêlées avec celles de l'ennemi, il risquait fort de tirer sur ses frères d'armes. Younous bey fit savoir par dépêche au Muchir, qu'il se préparait à renvoyer ses pièces; mais le fil télégraphique fut coupé avant qu'il eût terminé sa correspondance. Les 3 canons furent envoyés, l'un dans l'ouvrage de Talaat bey, l'autre dans l'ouvrage de Milas et le 3° dans celui de Baghlar-Bachi.

Le brouillard et la fumée s'étant un peu dissipés, on vit l'infanterie ennemie se masser au point K, sur les positions primitivement occupées par le centre et l'aile gauche d'Emin pacha. On ouvrit aussitôt, des ouvrages de Talaat bey et de Milas, un feu violent de shrapnels qui parvint à la disperser.

12

Les troupes russes qui, après avoir traversé la ligne d'Emin pacha, venaient de donner l'assaut à l'ouvrage de Milas, avaient été déjà repoussées par un feu bien nourri.

Pendant que Rifaat pacha était occupé à réorganiser ses bataillons, que les redoutes de l'ouest employaient leur artillerie à arrêter la marche de l'ennemi sur le plateau, une nouvelle colonne russe, débouchant de la vallée du Caïalidéré, vint subitement assaillir l'ouvrage nº 18. Le chef de bataillon Issa agha fut blessé, ses soldats n'opposèrent pas de résistance et l'ouvrage fut enlevé par l'ennemi.

Suivant aussitôt les tranchées-abris qui reliaient les ouvrages 18 et 19, les Russes attaquèrent ces derniers avec tant d'impétuosité, que les défenseurs surpris lâchèrent pied. Les officiers turcs firent les plus grands efforts pour ramener leurs soldats démoralisés; tout fut inutile, l'ouvrage était perdu. On tenta vainement de sauver une des pièces; les chevaux de flèche ayant été tués, il fallut l'abandonner, après avoir retiré le bloc de culasse. Un canon de l'ouvrage 18, quoique démonté, put être néanmoins emmené.

La prise de ces deux ouvrages, tombés au pouvoir des Russes, provoqua une panique générale dans les rangs des troupes turques; les fuyards cherchèrent un refuge dans la ville de Plevna, dans quelques redoutes et même au quartier général. Il ne resta plus à Rifaat pacha et à Riza bey que les quatre compagnies du 3e bataillon de chasseurs postées du côté de l'ouvrage de Baghlar-Bachi; on leur fit exécuter un changement de front, pour prendre les tranchées d'enfilade. Alors survint un bataillon envoyé par le Muchir ; on le déploya à gauche des quatre compagnies de chasseurs, de manière à battre l'ennemi de flanc et à l'empêcher de descendre vers la ville. Ces quelques troupes soutinrent une lutte acharnée contre toute une brigade de chasseurs russes, jusqu'au moment où Rifaat pacha, revenant à la tête des fuyards qu'il avait ralliés dans l'ouvrage de Baghlar-Bachi, s'élança le revolver au poing pour reprendre l'ouvrage n° 19 (de Kovanlik). Il avait donné l'ordre à Riza bey de suivre son mouvement et de fusiller impitoyablement tout homme qui ferait mine de quitter le rang. Malheureusement le brave pacha fut blessé à la jambe, l'attaque échoua. On recula jusque près de l'ouvrage de Baghlar-Bachi ; Rifaat pacha fut transporté dans cet ouvrage, où se trouvait déjà Emin pacha.

Les bataillons du lieutenant-colonel Mehmed-Nazif bey, qui gardaient la crête n° 25, repoussèrent successivement les attaques de l'infanterie et de la cavalerie russes ; ils conservèrent même leur position après que l'ennemi, culbutant l'aile gauche d'Emin pacha, se fut avancé vers les ouvrages n°s 18 et 19. A six heures et demie du soir seulement, le commandant du bataillon de chasseurs Rassim bey, resté au point n° 25, se replia sur le point *c*, entre l'ouvrage n° 18 et la vallée du Caïalidéré, où se trouvait déjà Mehmed-Nazif bey.

On ne pouvait pas, pour le moment, songer à reprendre les ouvrages n°s 18 et 19 ; mais il fallait coûte que coûte empêcher les Russes de s'y organiser et de recevoir des renforts. A cet effet, l'artillerie des redoutes n°ˢ 21 et 22 ne cessa pas de faire pleuvoir sur les deux ouvrages, notamment sur celui n° 19, des obus et des shrapnels.

L'ennemi essaya alors de tourner, par l'ouest, le groupe des ouvrages 23, 22 et 21 ; le feu des troupes turques l'arrêta quand il voulut déboucher de la vallée de Ternina.

Peu après, les Russes installèrent, en face de l'ouvrage 22, une batterie de 5 pièces, pour ruiner cet ouvrage, forcer les défenseurs à se retirer, et donner ensuite l'assaut à l'ouvrage de Younous bey, qui était en quelque sorte la clef du front sud-ouest ; ils avaient sans doute aussi l'intention d'attirer sur cette nouvelle batterie le feu dont leurs troupes avaient à souffrir dans les retranchements n° 18 et n° 19.

Quoi qu'il en soit, l'ennemi continua jusqu'au soir de lancer des shrapnels sur l'ouvrage de Younous bey, que, du reste, il ne pouvait voir ; car il en était séparé par un monticule assez élevé, dont le versant du côté de la vallée de la Ternina était défendu par l'ouvrage n° 22 et par vingt tireurs de choix embusqués dans une tranchée-abri creusée entre les deux ouvrages.

Telle était la situation des combattants à l'aile droite, quand la nuit mit fin à la lutte.

Combats livrés au centre.

L'ennemi ne chercha pas à s'emparer de l'ouvrage d'Ibrahim bey, n° 14, qui peut être considéré comme

la gauche du centre; il se contenta de le canonner.
Mais il attaqua l'ouvrage d'Omer bey, le front occupé
par Tahir pacha et les postes qui gardaient la vallée
du Caïalidéré.

Au moment où les Russes se portaient contre Emin
pacha et les troupes turques de la colline n° 25, sur
la gauche du Caïalidéré, une de leurs colonnes, descendant le revers opposé, du côté de Tahir pacha, se
dirigea vers le fond de la vallée; l'attaque principale
prit pour objectif l'ouvrage d'Omer bey.

Les premières troupes ennemies se composaient d'un
peu d'infanterie et de quelques cavaliers cosaques. Elles
éprouvèrent des pertes assez sensibles, causées surtout
par le feu des quatre pièces de montagne de Tahir
pacha. Les cavaliers de Salonique et les Circassiens,
chargés spécialement de repousser l'attaque des Cosaques, furent envoyés dans la vallée même, et après
un brillant engagement, ils refoulèrent l'ennemi. Mais
bientôt les Russes revinrent à la charge avec de l'infanterie; celle-ci, repoussée à son tour, céda sa place
à la cavalerie, laquelle ne put pas non plus avancer
sous le feu meurtrier du bataillon rédif d'Ischtib,
2e ban, et des troupes amenées du pont par Hassan-
Sabri pacha qui fut blessé dans le combat. Pendant
toutes ces attaques, l'artillerie russe canonnait les ouvrages n°s 14 et 16; un peu après midi, le feu cessa.

Après un court répit, on vit les colonnes ennemies
s'avancer vers l'ouvrage d'Omer bey. On dirigea contre
elles les feux convergents de l'artillerie de tous les
ouvrages, tandis que les troupes d'Omer bey, à l'abri

dans leurs tranchées, les laissaient s'approcher à bonne portée et les arrêtaient par une fusillade bien nourrie. Les Russes essayèrent de tenir bon; mais, malgré tous leurs efforts, ils furent obligés de se replier, en laissant derrière eux des centaines de cadavres.

Après cet échec, les batteries russes recommencèrent à tirer avec plus de violence que jamais. Les Turcs répondirent à leur feu, et ce combat d'artillerie dura jusqu'à trois heures et demie de l'après-midi. Pendant l'accalmie qui suivit, on vit l'ennemi revenir à l'assaut de l'ouvrage d'Omer bey. On se prépara à résister à cette nouvelle attaque. Toutes les pièces des ouvrages voisins furent retournées et dirigées, comme précédemment, contre les colonnes ennemies; elles firent subir aux assaillants des pertes considérables, réparées aussitôt par l'arrivée en ligne de troupes fraîches; à la fin, les Russes, profitant de l'extrême fatigue des soldats turcs, pénétrèrent par plusieurs points dans l'ouvrage, qui devint le théâtre d'une lutte acharnée. Atouf pacha fit alors marcher un bataillon placé en dehors de l'ouvrage, pour arrêter les colonnes d'assaut russes qui s'avançaient à l'est de la redoute.

A ce moment arrivait de l'ouvrage n° 12 (arab tabia), avec un bataillon rédif de Silistrie, le colonel d'état-major Réfik bey, qui avait reçu du Muchir l'ordre de dégager Omer bey; il chargea impétueusement l'ennemi. Presque tous les soldats russes qui étaient entrés dans l'ouvrage y furent tués à coups de baïonnette et ceux qui réussirent à s'enfuir furent décimés par les boulets et les balles.

En résumé, les quatorze colonnes d'assaut que l'ennemi avait lancées successivement contre cet ouvrage avaient toutes échoué et subi des pertes énormes. Pendant ces différents assauts, les batteries ennemies dirigeaient une violente canonnade contre les ouvrages 14 et 16, afin d'empêcher leur artillerie de tirer sur les colonnes ; mais les artilleurs turcs ne se laissèrent pas intimider et firent leur devoir.

Les officiers et soldats des troupes engagées sur ce front combattirent avec une énergie remarquable. Le bataillon de Silistrie se distingua tout particulièrement ; il mérite d'ailleurs une mention spéciale à raison de la bravoure qu'il déploya durant toute la campagne, partout où il fut engagé.

Combats livrés à l'aile gauche.

Le brouillard qui enveloppait Plevna et ses environs au sud et au sud-est s'était étendu, quoique avec moins d'intensité, du côté de Grivitza. L'artillerie ennemie tonnait sans relâche sur ce front pendant les attaques dirigées contre l'aile droite et le centre.

Tout s'était borné jusqu'alors à une simple canonnade, quand vers deux heures de l'après-midi, on vit des colonnes ennemies marcher à l'attaque des positions turques, notamment de la redoute n° 8. Il existait en avant et sur les côtés des deux ouvrages du point C un assez grand nombre de tranchées dans lesquelles on avait caché des tirailleurs ; de ces retranchements comme des redoutes n°ˢ 7 et 8, on dirigea sur les assaillants des feux de salve qui leur causèrent des pertes sensibles ; mais l'arrivée de nombreux renforts permit aux Russes de continuer leur mouvement offensif. Les commandants des redoutes, voyant que leurs postes avancés ne pourraient pas tenir longtemps, les firent rentrer ; les troupes ennemies occupant aussitôt les tranchées qu'ils venaient d'évacuer, se portèrent vers la crête située un peu au delà. Ce ne fut pas sans essuyer de grosses pertes que les Russes parvinrent à s'y établir. Un dernier effort les porta jusqu'au fossé de la redoute n° 8 ; mais, arrêtés et décimés par le feu meurtrier des Turcs, ils durent rétrograder, poursuivis par un détachement sorti de la redoute. Il y eut à ce moment une sorte de trêve. Les Turcs relevèrent les blessés et les morts. Le bataillon qui occupait la redoute n° 8, ayant éprouvé des pertes sensibles, on le remplaça par le deuxième bataillon du quatrième régiment nizamié de la première armée.

Vers quatre heures et demie, l'attaque recommença. Les colonnes ennemies, composées de Russes et de Roumains, déployèrent une telle ardeur, en cherchant réciproquement à se devancer et firent des efforts si énergiques, qu'elles réussirent à arriver jusqu'à la redoute n° 8, dont elles atteignirent les fossés au coucher du soleil, malgré l'intensité de la canonnade et de la fusillade partant de la redoute n° 7.

A ce moment les troupes d'Emin pacha battaient en retraite et se débandaient, les ouvrages n°s 18 et 19 tombaient au pouvoir de l'ennemi ; Omer bey, seul, parvenait à repousser toutes les attaques ; les quelques troupes non engagées qui étaient venues du Pont avec Hassan Sabri pacha ayant été envoyées du côté de la vallée du Caïalidéré pour empêcher l'ennemi de pénétrer par là dans la ville, on n'avait plus de réserves et on se trouvait dans l'impossibilité de diriger le moindre renfort du côté de Grivitza. Le bataillon de la redoute nᵒ 8 n'avait qu'un faible effectif; son installation faite à l'improviste laissait beaucoup à désirer. Aussi, l'ennemi une fois entré dans l'ouvrage, parvint aisément à s'y maintenir; il s'empara de deux canons (1) que l'on n'avait pu enlever. Les Russes et les Roumains souillèrent leur victoire en achevant les blessés tombés dans la redoute; pas un de ces malheureux n'échappa à la mort.

§ 4. — ÉVÉNEMENTS DE LA NUIT DU 11 AU 12 SEPTEMBRE.

La perte des deux ouvrages nᵒˢ 18 et 19 coupait l'armée turque en deux tronçons qui n'avaient plus entre eux ni liaison, ni moyens de communication; elle ouvrait aux Russes l'accès de la ville de Plevna.

Avec les débris des troupes de l'ouest, d'une part, Mehmed-Nazif bey tenait encore entre l'ouvrage nᵒ 18 et le Caïalidéré; d'autre part, Riza bey tâchait de réorganiser la défense des ouvrages nᵒˢ 20, 21, 22 et 23; mais ces ouvrages, isolés maintenant du reste

---

(1) Dont un de 4 livres de campagne et un de 3 livres de montagne.

de l'armée, avaient, par le fait même, beaucoup perdu de leur importance. — A huit heures du soir, Riza bey n'avait pas encore pu faire parvenir de ses nouvelles au quartier général; Osman pacha en était fort inquiet.

L'ennemi, à la faveur de l'obscurité et de la pluie, put amener dans les ouvrages nos 18 et 19 des troupes fraîches et du canon; les Turcs, informés de ce fait, en conclurent qu'ils devaient s'attendre à une nouvelle attaque vraisemblablement dirigée contre la redoute de Baghlar-Bachi, dont l'ennemi avait le plus grand intérêt à s'emparer. La défense de cet ouvrage reposait d'abord sur le bataillon rédif de Nisch, qui l'occupait depuis le commencement de la bataille, puis sur 1 bataillon et demi qui avait été envoyé comme renfort par Osman pacha et qu'on avait déployé en avant de la redoute, pour prendre d'enfilade l'ouvrage nᵒ 19. Quant aux soldats battus et démoralisés d'Emin pacha, qu'après leur débandade on avait en partie ralliés dans cet ouvrage, il eût été imprudent de compter sur leur solidité.

Riza bey écrivit au Muchir pour lui exposer sa situation. L'officier chargé de porter cette missive partit dans la nuit et réussit à gagner le quartier général. Osman pacha, après avoir pris connaissance du rapport de Riza bey, lui répondit :

« Je me propose d'attaquer demain l'ennemi avec 15
« ou 20 bataillons que je rassemble au quartier gé-
« néral, je vous invite donc à faire les plus grands
« efforts pour vous maintenir sur vos positions.

« Signé : Osman. »

A la réception de cet ordre, Riza bey, prit toutes les mesures de sécurité nécessaires et envoya communiquer la lettre du Muchir à Younous bey. Celui-ci, vers six heures et demie du soir, avait réuni les officiers supérieurs des ouvrages nos 21, 22, 23, et tenu conseil avec eux. On résolut d'envoyer au Muchir la communication ci-après; de résister, coûte que coûte, jusqu'à l'arrivée de la réponse, et de se préparer à repousser les attaques que l'ennemi ne manquerait pas de tenter le lendemain.

« Grâce à Dieu et à la protection du Prophète, nous
« nous maintenons dans nos positions et avons résolu
« de résister jusqu'à la dernière extrémité, c'est-à-dire
« jusqu'à l'épuisement total de nos munitions; comme
« nous allons bientôt manquer de munitions d'artillerie,
« nous vous prions de nous en envoyer.

« Huit heures du soir. »   « YOUNOUS. »

Les soldats turcs étaient harassés de fatigue; ils se battaient depuis le matin et ils n'avaient rien à manger. De plus, ils éprouvaient de grandes difficultés pour se procurer de l'eau, attendu que les sources se trouvent entre les ouvrages et les positions occupées par l'ennemi. Aussi ne doit-on pas être étonné que leur moral fût un peu ébranlé.

Vers huit heures et demie du soir, le chef de l'état-major Tahir pacha, envoyé par le Maréchal, vint inspecter les 3 bataillons de Mehmed-Nazif bey, et rentra au quartier général rendre compte de son inspection. Il revint vers une heure et demie du matin, apportant l'ordre de conserver les positions occupées et d'y attendre le signal de la retraite, qui serait sans doute donné dès l'aube, car on préparait une contre-attaque d'un autre côté.

Ces troupes échangèrent quelques coups de fusil avec l'ennemi et rentrèrent avant le jour au quartier général en passant par la vallée du Caïalidéré et la ville de Plevna. Les Russes, comme on l'a dit, amenèrent pendant la nuit des troupes et des munitions dans les ouvrages nos 18 et 19, qu'ils réparèrent de leur mieux; ils entretinrent jusqu'au matin une assez vive fusillade dans la direction de la ville et de Baghlar-Bachi, afin de prévenir une attaque de nuit que d'ailleurs les Turcs ne songeaient guère à tenter. Les Bulgares de la ville, peu reconnaissants des bons procédés que les troupes ottomanes avaient eus pour eux depuis le début du siège, mirent le feu à des meules de fourrages situées aux abords de la ville du côté de l'ouvrage nº 18, en vue de permettre à l'ennemi de distinguer les mouvements des Turcs et de régler son tir.

Osman pacha ne se faisait aucune illusion sur la situation critique de son armée. Il chercha à rassembler le plus de forces possible au quartier général; il établit un cordon de petits postes autour de la ville pour empêcher les coureurs ennemis d'y pénétrer et de jeter la panique; il réunit les généraux et officiers supérieurs, afin de combiner avec eux les opérations du lendemain.

La perte de la redoute n° 8 (1) ne faisait pas courir de grands risques à l'armée. Cet ouvrage était commandé par la redoute n° 7, et, de plus, il était battu par l'artillerie du quartier général; aussi Osman pacha était-il bien moins affecté de cet échec, en réalité peu grave, que de l'ignorance dans laquelle il se trouvait sur ce qui se passait à l'aile droite.

Le rapport de Riza bey calma ses inquiétudes; en examinant la situation, il résolut de ne pas s'occuper pour le moment du front de Grivitza, et de chercher uniquement à reprendre les ouvrages n°s 18, 19; à cet effet, il renouvela les ordres déjà donnés pour la concentration d'un certain nombre de bataillons, en prescrivant d'accélérer leur mouvement.

De la redoute n° 8, l'ennemi continua à tirer pendant toute la nuit sur la redoute n° 7 qui n'en était éloignée que de 250 mètres, et il fit inutilement plusieurs tentatives pour s'en emparer.

§ 5. — CONTRE-ATTAQUE DE LA JOURNÉE
DU 12 SEPTEMBRE.

La nuit du 11 au 12 septembre fut relativement calme, les deux adversaires se bornant à faire bonne garde. Le lendemain, dès l'aube, on put constater que

______

(1) Cet ouvrage avait été appelé Canli-Tabia (Sanglante) par le 2e bataillon du 2e régiment nizamié de la IIe armée à la suite des nombreuses pertes qu'il éprouva dans les journées des 30, 31 août et 11 septembre.

les Russes avaient bondé de troupes fraîches les ouvrages n°ˢ 18, 19 ; qu'ils avaient fermé la gorge de ces ouvrages au moyen d'un épaulement en pierres, disposé pour le tir d'infanterie et qu'ils avaient apporté des munitions en abondance. Les ouvrages turcs de l'ouest manquaient de munitions ; on ne put répondre que par quelques shrapnels au feu de l'ennemi, qui tirait sans interruption contre le camp du quartier général et contre la redoute de Baghlar-Bachi. La réponse d'Osman pacha, qui annonçait pour le jour même une contre-attaque, provoqua, malgré la supériorité des forces adverses, un vif sentiment de confiance et d'ardeur.

Le commandement des troupes chargées de la reprise des ouvrages fut confié à Tahir pacha. On lui adjoignit le colonel d'état-major Haïri bey. Le général se rendit dès la pointe du jour à la redoute de Baghlar-Bachi ; la garnison se composait des débris des bataillons d'Emin-Pacha, ralliés et reformés tant bien que mal autour des ouvrages de l'ouest, on la renforça de 5 bataillons placés sous les ordres du lieutenant-colonel Abdoullah-Bey. Ces derniers, marchant sans bruit et avec toutes les précautions possibles, quittèrent la ville par la route du pont et remontèrent le vallon de Kérémetchi, situé au pied du versant nord de la colline des Vignes (1) (emplacement de l'ouvrage de Baghlar-Bachi). Quand la colonne d'attaque fut arrivée à

______

(1) Bagh, en turc, veut dire vigne ; Baghlar-Bachi, sommet des vignes.

hauteur du chemin qui longe la colline de Namazguiah où elle était défilée aux vues de l'ennemi, on la divisa en trois groupes, en réservant pour chacun d'eux 1 ou 2 bataillons de soutien.

Aile droite : 2 bataillons (1) en colonne double, en arrière de Baghlar-Bachi.

Centre : 2 bataillons (2) en colonne double, à gauche des précédents.

Aile gauche : 1 bataillon (3) en colonne double, placé de façon à pouvoir prendre d'enfilade les retranchements en crémaillère qui reliaient l'ouvrage de Kovanlik à la ville et dont une partie n'était pas occupée par l'ennemi.

D'après les ordres donnés, les ouvrages nos 20, 21 et 22 devaient préparer l'attaque en faisant converger leurs feux sur l'ouvrage n° 19, objectif principal de l'opération. On se proposait d'empêcher l'ennemi d'y recevoir des renforts et des munitions, en même temps qu'on mettrait hors de combat la plus grande partie de ses défenseurs ; malheureusement les trois pièces qui se trouvaient dans les ouvrages nos 21 et 22 n'avaient plus que quelques coups de mitraille ou de shrapnels. C'est le matin seulement que le Muchir avait reçu la communication de Younous bey ; on n'avait pas eu le temps de faire arriver les munitions demandées dans ces ouvrages, lesquels, hors d'état de prendre une

---

(1) Rédifs de Kianguiri et 3ᵉ bataillon de chasseurs.
(2) Rédifs de Kianguiri et Silistrie.
(3) Rédifs de Nisch.

part active aux préliminaires de l'attaque, se bornèrent à lancer de temps à autre quelques shrapnels.

Le signal du combat fut donné par une batterie que le Muchir avait installée la veille, à proximité du quartier général, sur les pentes qui voient la vallée du Caïalidéré et dont il avait confié le commandement au chef d'escadron d'état-major Hakki bey. Cette batterie croisait ses feux avec ceux de 3 pièces de campagne et de quelques canons de montagne en position dans l'ouvrage de Baghlar-Bachi, et de temps à autre l'ouvrage n° 11 prenait part à la lutte.

Les 3 canons que les Russes avaient amenés le 11 au soir dans l'ouvrage n° 19 tiraient dans toutes les directions, sauf contre les ouvrages 21 et 22, tandis que les batteries de Radischevo et celles en face de Grivitza recommençaient leur canonnade sans ménager la redoute n° 7, qui fut vivement prise à partie.

Entre 9 et 10 heures du matin, les munitions envoyées par Osman pacha arrivèrent dans les ouvrages de l'ouest, de sorte que les deux canons de l'ouvrage n° 22 comme ceux de l'ouvrage n° 21 purent prendre part au combat d'artillerie ; le feu atteignit une extrême violence.

Ainsi qu'il l'avait fait la veille, l'ennemi vint mettre 5 canons en batterie devant les ouvrages n°ˢ 22 et 21, qu'il commença à inquiéter. Ne pouvant apercevoir ce dernier, moins élevé que le point n° 22, il réglait son tir sur la direction de la fumée qu'il supposait sortir des canons de l'ouvrage. Il ne lui causa, d'ailleurs, aucun dommage appréciable.

L'artillerie turque ayant préparé, par ses feux, l'action des troupes d'attaque, on fit avancer ces dernières formées en colonne double par division : le centre en avant, appuyé par l'aile gauche, tandis que l'aile droite restait en réserve ; bientôt le bataillon de Kirchéhir fut envoyé de la réserve et déployé en tirailleurs pour renforcer la première ligne. L'action était bien engagée, l'ennemi commençait à faire filer ses pièces d'artillerie de l'ouvrage n° 19, quand, on ne sait pourquoi, Tahir pacha fit sonner la retraite.

Arrêter à ce moment l'élan des troupes turques était une faute grave, car les Russes, pris d'enfilade par le feu de l'aile gauche, ne recevant ni renforts, ni munitions, fuyaient déjà et abandonnaient si rapidement, l'ouvrage de Kovanlik, que les soldats turcs de la réserve, spectateurs du combat, criaient à leurs camarades pour les encourager : Allah! Allah! Allah! On aurait infailliblement enlevé cet ouvrage, où l'ennemi ne reprit position qu'une heure après. Tahir pacha écrivit au Muchir qu'en renouvelant l'attaque, il exposerait l'armée à de grands dangers, sans avoir d'ailleurs beaucoup de chances de succès. Ce message contraria vivement Osman pacha; il lui fut d'autant plus sensible qu'à ce moment même, l'ennemi recommençait le bombardement de tous côtés et s'acharnait contre la redoute n° 7.

Le Muchir réunit un nouveau conseil de guerre; on décida qu'il fallait absolument reprendre les deux ouvrages pour relever le moral du soldat et pour assurer la sécurité de l'armée. On résolut donc de faire une seconde tentative, le colonel d'état-major Tewfik bey fut désigné pour en prendre la direction; on lui donna quelques bataillons provenant des points moins menacés, et en outre les troupes qui avaient participé à la première attaque avec celles qui occupaient les ouvrages à l'ouest de la ville.

Pendant ces deux heures de tranquillité relative, les ouvrages 20, 21, 22 continuèrent à tirer sur l'ennemi qui, de son côté, ne restait pas inactif: un peu avant le moment fixé pour la deuxième attaque, un des caissons de munitions qui se trouvait dans l'ouvrage 19, sauta; l'explosion occasionna des pertes fort sensibles et jeta le désordre dans les rangs des Russes.

Tenant compte du terrain et des circonstances, Tewfik bey divisa ses troupes en deux colonnes : la première, débouchant de la ville au sud, comme si elle sortait du camp, devait s'avancer rapidement et tirer sans relâche pour attirer sur elle l'attention de l'ennemi. La deuxième colonne se tenait cachée entre la colline des Vignes de l'ouvrage n° 19; on laissait néanmoins de ce côté quelques tirailleurs, afin que l'ennemi ne se doutât point de la ruse. Cette colonne devait, au signal donné, renforcer la ligne des tirailleurs et s'avancer derrière elle pour donner l'assaut à la gorge de l'ouvrage n° 19, du côté de l'ouest.

Vers deux heures et demie, Tewfik bey vint se mettre à la tête des troupes; les canons des ouvrages 20, 21, 22, ceux des batterie du quartier général, ouvrirent le feu; toutes les batteries russes répondirent énergiquement.

Vers trois heures, les troupes turques, précédées d'une chaîne épaisse de tirailleurs, commencèrent leur mouvement offensif. Les tirailleurs de la colonne de droite s'avancèrent avec ordre et sans bruit du côté de la colline des Vignes, comme s'il ne s'agissait que d'une simple démonstration. La colonne de gauche, au contraire, marchait rapidement vers l'ouvrage 19, et entretenait une fusillade bien nourrie, qui ne tarda pas à attirer sur elle tous les efforts de la défense. L'ennemi chercha vainement à envoyer dans les ouvrages attaqués des renforts et des munitions; il en fut empêché par le tir des redoutes 21 et 22 et il dut même abandonner des caissons sur le versant méridional de la colline 19. Pendant ce temps, la deuxième colonne suivait sa ligne de tirailleurs en se dissimulant derrière elle; quand elle fut arrivée à la distance voulue, elle passa à l'ordre en masse, se lança en avant au pas de course et aborda l'ouvrage 19. Les soldats des autres ouvrages turcs et les habitants rassemblés dans les maisons extérieures de la ville avaient reçu la consigne d'exciter de loin leurs camarades par les cris mille fois répétés d'Allah! Allah! Les Russes entendant ces cris et ne se rendant pas bien compte de leur origine, se crurent attaqués par des forces considérables; ils évacuèrent l'ouvrage 19, qui fut aussitôt occupé par les Turcs. Quatre compagnies du bataillon de Silistrie, passant par les tranchées qui reliaient les deux ouvrages 18 et 19, poursuivirent vivement les Russes en fuite, pénétrèrent sur leurs talons dans l'ouvrage n° 18 et les en chassèrent, pendant que les troupes turques entrées dans l'ouvrage 19 se mon-

traient sur les parapets et les remblais en criant : Allah !
Allah ! Vive le Sultan !

Des cavaliers réguliers et irréguliers avaient été rassemblés à l'avance de ce côté par ordre du Muchir.
Appuyés par deux bataillons cachés jusqu'alors derrière
des meules de paille situées entre la ville et l'ouvrage 18,
ils se précipitèrent sur l'ennemi en déroute et le sa-
brèrent. Les projectiles de l'artillerie des redoutes 21,
22, achevèrent de porter le désordre et la mort dans les
rangs des fuyards. Des cavaliers cosaques se lancèrent
bien au-devant des troupes turques; mais, culbutés
presque aussitôt, ils furent également entraînés dans la
déroute générale.

Les Russes, en évacuant l'ouvrage n° 19, abandonnèrent, outre les canons dont ils s'étaient emparés la
veille, deux autres pièces qu'ils ne parvinrent pas à emmener et une grande quantité de munitions.

Le découragement qui régnait parmi les Turcs depuis deux jours fit place à une joie extrême. On se
félicitait, on remerciait la Providence. Officiers, soldats,
habitants de la ville, chacun attribuait le mérite de ce
succès à la personne d'Osman pacha, qui, dans un moment si critique, n'avait jamais désespéré de l'avenir
et dont l'énergie avait grandi à mesure que la situation
devenait plus difficile. L'armée était fière de combattre
sous ses ordres; elle était pleine de confiance et prête à
se sacrifier pour le sultan, pour la patrie.

Tewfik bey avait déployé dans cette affaire beaucoup
d'intelligence et d'audace; il reçut le grade de général
de brigade. Le colonel Younous bey et les commandants

des ouvrages de l'ouest qui, par leur fermeté inébranlable, avaient facilité ce brillant fait d'armes, méritent également les plus grands éloges.

Dans la soirée, on tenta une attaque contre l'ouvrage n° 8. Mais bien que cet ouvrage eût été bombardé par les canons de la redoute n° 7 et par ceux de la batterie du quartier général, l'assaut ne réussit point. Comme l'ennemi ne pouvait pas tirer un grand parti de cet ouvrage, on renonça pour le moment à faire de nouvelles tentatives pour le reprendre.

En se retirant après six jours de combats, les Russes laissèrent sur le champ de bataille, devant les fronts sud et sud-ouest, plusieurs milliers de cadavres qui furent enterrés par les Turcs; ils avaient également subi de grandes pertes en face du centre et de l'aile gauche des positions turques; le nombre total des hommes mis hors de combat peut être évalué à deux fois au moins celui des tués.

Du côté des Turcs, le nombre des tués et blessés ne dépassa pas le chiffre de 3,000 hommes. Parmi les morts, il convient de citer le colonel Ibrahim bey, commandant l'ouvrage n° 14, le lieutenant-colonel d'état-major Ali-Riza bey, les chefs de bataillon Réchid bey, commandant le 1er bataillon du 2e régiment de la IIe armée; Ali-Galib effendi, Mehmed agha, tous officiers distingués dont la perte causa d'unanimes regrets.

Parmi les blessés on comptait le général de division Hassan-Sabri pacha, les généraux de brigade Rifaat et Emin pacha, le lieutenant-colonel d'état-major Riza bey; les chefs de bataillon Issa agha (qui remplissait les fonctions de lieutenant-colonel); Mendouh bey, commandant du bataillon de Kianguiri ; Azif bey, du 3e chasseurs; Hourschi effendi, de celui de Kirchilia; Ahmed effendi, etc., etc.

Les Russes méditaient cette attaque depuis le 31 juillet; le temps ne leur avait donc pas manqué pour s'y préparer. Le bombardement dura plusieurs jours, l'assaut devait être donné le jour de la fête de l'Empereur (1). Ils avaient perdu, tout compte fait, 20,000 hommes, et ils ne gardaient que la redoute Canli-Tabia, ouvrage sans importance; ils ne purent pas conserver les autres positions conquises pendant plus de vingt-quatre heures (2); et pourtant leurs troupes étaient deux fois plus nombreuses que celles des Turcs et leur artillerie quatre fois plus forte.

---

(1) Saint Alexandre, 1/13 septembre.
(2) Voir n° 9 des annexes.

CHAPITRE V

ÉVÉNEMENTS SURVENUS DEPUIS LE 13 SEPTEMBRE JUSQU'AU 24 OCTOBRE 1877.

§ 1er. — PREMIER INVESTISSEMENT DE PLEVNA.

Les Russes n'étant point parvenus à s'emparer de
Plevna par une attaque de vive force, se décidèrent
à entreprendre un siège régulier. Ils abandonnèrent
complètement les alentours du camp retranché, sauf
Canli-Tabia et les hauteurs au-dessus de Radischevo
d'où ils avaient commencé le premier bombardement.
Ils continuèrent bien de temps à autre à canonner les
ouvrages; mais leur principale préoccupation fut d'organiser une ligne d'investissement, et de se rapprocher par des travaux de sape de la ligne de défense
ottomane. On aperçut du côté de Medeven de grands
mouvements de troupes, sur la hauteur que parcourt
la route de Plevna à Lofdscha; c'était un indice que
l'ennemi allait s'établir également sur la rive gauche

du Vid. En effet, le 15 septembre, la ligne télégraphique de Plevna à Sophia fut coupée et les communications avec cette dernière ville furent interceptées par des colonnes volantes. Toutefois, les Russes n'avaient pas encore comblé les vides que la troisième bataille avait faits dans leurs rangs ; la garde impériale et les grenadiers que l'on demandait comme soutiens n'étaient pas arrivés, de sorte que l'investissement ne fut pas complet dès le principe. L'ennemi parvint cependant à fermer entièrement le côté sud-ouest, où se trouvent les villages de Medeven, et de Doubniak. Ce premier blocus commença le 15 septembre et dura jusqu'au 14 octobre : il ne fut troublé que deux fois le 18 septembre par une attaque infructueuse des Roumains sur la redoute Bachtabia (n° 7), au nord de Grivitza, et, le 24 septembre, par l'entrée de Ahmed-Hifzi pacha à Plevna.

§ 2. — ARRIVÉE DES TROUPES DE RENFORT
ET DU CONVOI.

Après la prise de Lofdscha par les Russes, Osman pacha avait télégraphié à Constantinople, en disant que si on lui envoyait 25 bataillons de renfort il pourrait reprendre et occuper à nouveau la ville. On promit de lui envoyer ce qu'il demandait; mais les bataillons n'arrivèrent qu'après la troisième bataille et le commencement de l'investissement. Il était désormais trop tard pour songer à reprendre Lofdscha, que les Russes avaient eu le temps de fortifier et où ils étaient installés solidement. En revanche, on pouvait chercher à rompre le blocus, à introduire dans Plevna des vivres et des munitions et à essayer de rétablir les communications en arrière (1). Orkhanié avait été choisi comme point de concentration et base d'opérations de ces troupes. Elles y furent réunies par fractions et successivement sans qu'aucun général fût désigné pour les commander. L'interruption des communications avec Plevna empêcha de consulter Osman pacha sur l'organisation et la direction qu'il convenait de leur donner. On eut recours au commandant de Sophia, le général de division Mehemet pacha; il fit connaître que le général de brigade Ahmed-Hifzi pacha, venu à Sophia pour soigner une blessure reçue à Plevna lors de la première bataille, était guéri et se déclarait prêt à retourner au camp. Ahmed-Hifzi pacha présentait d'ailleurs toutes les qualités requises pour ce commandement; il adressa à Constantinople, par le télégraphe, le plan d'opéra-

---

(1) Le 6 septembre, c'est-à-dire la veille du commencement de la troisième bataille, Osman pacha avait signalé à Constantinople, par le télégraphe, l'attaque que les Russes projetaient sur Plevna. Si les renforts promis s'étaient trouvés, à cette époque, réunis à Orkhanié, ils auraient pu facilement compléter leurs préparatifs de marche dans l'espace de trois jours, et ils se seraient mis en mouvement le 9, de sorte que, même sans faire des marches forcées, ces troupes de renfort auraient pu arriver le 12 au matin devant Plevna. Si elles avaient été prêtes, ne fût-ce qu'à Sophia, elles seraient parvenues en deux jours à Orkhanié, qu'une bonne chaussée relie à cette première ville, de là à Plevna en trois ou quatre jours, en tenant compte des obstacles qu'elles auraient pu rencontrer en route; elles seraient arrivées le lendemain du jour où les Russes avaient été battus, ce qui aurait permis à Osman pacha de tirer parti de sa victoire.

15

tions qu'on approuva; on le nomma général de division (1) et on lui confia le commandement des troupes disponibles, avec mission d'escorter ou de faire entrer dans Plevna un convoi de vivres et de munitions. Ces troupes comprenaient 17 bataillons, dont 5 venus de la Chipka, sous le commandement du lieutenant-colonel Ali bey, et 12 de Constantinople et de Sophia (2), un régiment de cavalerie régulière (3) et deux batteries d'artillerie (12 canons), dont une de montagne; elles furent réparties en 2 brigades de 2 régiments à chacun 3 bataillons, sous le commandement des généraux Hakki pacha et Edhem pacha, nouvellement promus.

Une réserve de 5 bataillons fut placée sous les ordres du colonel Véli bey. Le lieutenant-colonel Izzet bey fut nommé chef d'état-major de la division et détaché à la brigade d'avant-garde d'Edhem pacha; l'arrière-garde fut confiée au lieutenant-colonel Tahir bey, à qui on donna en outre le commandement d'un régiment.

La concentration et l'organisation complète de la division ne furent terminées que le 17 septembre; le lendemain, elle quitta la position d'Orkhanié, dont le

---

(1) Comme on manquait d'officiers supérieurs pour commander ces bataillons formés de troupes de diverses classes, le colonel d'infanterie Edhem bey et le colonel d'état-major Hakki bey furent nommés généraux, Véli bey colonel, et Izzet bey et Tahir bey lieutenants-colonels, et mis à la disposition de Ahmed–Hifzi pacha.

(2) Deux bataillons seulement appartenaient à l'armée active, les autres aux rédifs et aux moustahfiz.

(3) 2e régiment de la IIIe armée, à 6 escadrons.

général de division Chefket pacha venait d'être nommé commandant. Elle accéléra sa marche autant que possible ; mais une pluie fine, qui tombait depuis plusieurs jours, avait détrempé la terre et défoncé les routes ; cette marche fut très difficile.

L'ennemi, pour faciliter l'investissement et contrarier l'arrivée des renforts, avait creusé, près de Telisch, plusieurs coupures en travers de la route qui conduit à Orkhanié ; il avait aussi fait sauter les ponts ; de sorte que Ahmed pacha fut obligé de faire exécuter des travaux de réparations qui retardèrent encore sa marche ; la tête de la colonne n'arriva à Telisch que le 21 septembre. A son approche, des cavaliers russes, sortant des champs de maïs situés en avant du village, chargèrent à l'improviste la cavalerie turque. Après une mêlée dans laquelle les Turcs perdirent 12 hommes et les Russes 20, l'ennemi se retira ; on mit alors Telisch en état de défense et on prit les mesures nécessaires pour parquer le convoi et passer la nuit.

Le lendemain de bonne heure, la colonne allait se remettre en route, quand on signala dans la direction de Plevna deux régiments de cavalerie russe. Supposant qu'ils formaient l'avant-garde d'autres troupes, le commandant donna l'ordre de retarder le départ, et l'on canonna les cavaliers jusqu'à ce qu'ils eussent disparu. On fut encore obligé de passer la nuit à Telisch, à cause de l'heure avancée.

La colonne repartit dès l'aube avec toutes les précautions voulues et prit la direction des villages de Doubniak. Vers trois heures de l'après-midi, l'avant-garde, suivie de près par la tête du convoi, arriva au Grand-Doubniak (1); elle prit position sur la colline qui domine ce village; comme on devait passer la nuit, elle s'y forma en bataille, en détachant en avant des petits postes et des patrouilles, tandis que, en arrière, on s'occupait à rallier le convoi.

Bientôt l'ennemi se montra et son artillerie canonna l'avant-garde. Les Turcs ripostèrent, et leur tir fut si précis, qu'il contraignit les batteries russes à changer continuellement de position. Pendant ce combat d'artillerie, deux régiments de cavalerie environ s'apprêtaient à charger un bataillon turc posté à l'aile gauche de la division; on s'en aperçut à temps, le lieutenant-colonel Izzet bey fut envoyé de ce côté avec le bataillon des Moustahfiz, de Brousse, et 2 pièces de montagne, qui, ouvrant aussitôt le feu, empêchèrent l'ennemi de donner suite à son projet. L'engagement dura jusqu'au soir, puis on vit les Russes se replier subitement et disparaître sans que l'on pût deviner la cause de leur retraite. Il n'était pas possible de les suivre, parce que la nuit approchait et surtout parce qu'on n'avait pas encore réussi à rallier la queue du convoi, qui était très long. Un escadron de cavalerie turque arrivant du village du Petit-Doubniak (2) apprit à Ahmed-Hifzi pacha qu'Osman pacha, averti de l'arrivée du convoi, et voulant faciliter sa marche à travers un pays occupé par les Russes, avait envoyé de Plevna au-devant de

---

(1) En bulgare, Gorna-Doubniak.
(2)   —   Dolna-Doubniak.

lui un fort détachement sous les ordres d'Atouf pacha ; celui-ci avait livré à l'ennemi, devant le village du Petit-Doubniak un combat à la suite duquel la route de Plevna se trouvait dégagée.

On repartit la nuit même, et une grande partie du convoi put entrer dans la ville de Plevna avant le jour. Le reste était encore au Petit-Doubniak, quand les Russes revinrent à la charge. La brigade d'Edhem pacha, jusqu'alors à l'avant-garde, fut laissée en arrière, et un de ses bataillons eut avec l'ennemi un engagement d'une demi-heure environ. Il ne se laissa pas entamer, de sorte que la totalité du convoi entra à Plevna par le pont du Vid, sans avoir éprouvé la moindre perte. L'arrivée de ces vivres et de ces munitions causa une grande joie aux assiégés et leur donna confiance en l'avenir.

. Edhem pacha fut blessé dans ce dernier engagement (1).

Les troupes russes qui avaient livré aux Turcs les combats du Grand et du Petit-Doubniak sous les ordres du général Kryloff se composaient de 32 escadrons

---

(1) Les auteurs étrangers disent que la position de Telisch était fortifiée au moyen de batteries, de redoutes et de tranchées-abris ; c'est inexact, les troupes ottomanes de passage à Telisch n'avaient pas le temps d'exécuter de semblables travaux ; le général russe Kryloff dut renoncer à l'attaque de Doubniak, parce que des forces considérables sortant de Plevna le prirent à revers. Le détachement d'Atouf pacha comptait environ 2,500 hommes et deux canons. Enfin ces mêmes auteurs portent l'effectif de la division d'Ahmed-Hifzi pacha à 12,000 hommes, quand il n'était, en réalité, que de 9,000 ; ils portent le convoi à 1,500 voitures, quand il n'y en avait que 500.

russes et 16 roumains, avec 5 batteries à cheval (30 canons); elles se retirèrent vers les villages de Netropol et Terstenik.

§ 3. — FORMATION ET OPÉRATIONS DE LA DIVISION MOBILE DES FOURRAGEURS.

Le convoi, arrivé le 23 septembre, avait apporté une assez grande quantité de vivres et de munitions, mais on manquait de fourrages. Or les villages occupés par l'ennemi et ceux qui se trouvaient entre lui et Plevna renfermaient des réserves considérables de céréales et de fourrages; Osman pacha résolut de s'en emparer. A cet effet, il organisa une division mobile de fourrageurs, forte de douze bataillons d'infanterie, d'une batterie d'artillerie et de huit escadrons de cavalerie, dont le commandement fut confié au général Ahmed-Hifzi pacha. Elle fut répartie en deux brigades, sous les ordres du général Hakki pacha et du colonel Véli bey; on lui affecta 300 voitures pour les transports. Deux bataillons détachés de la division devaient toujours servir d'escorte aux voitures; le reste avait pour mission d'occuper l'ennemi pendant le temps nécessaire pour charger les voitures.

Cette division, campée dans la plaine en avant du pont du Vid, reçut le 27 septembre l'ordre d'enlever l'orge, le maïs, la paille et le fourrage qui se trouvaient à Ternina, village situé au sud-ouest de Plevna, sur la rive droite du Vid, au pied des hauteurs. Maîtres de Lofdscha, les Russes pouvaient aisément tenter des incursions dans ces parages, soit en suivant par la vallée même du Vid, soit en se dérobant derrière les collines de Kartouschaven situées en arrière de Ternina : il fallait donc prévoir une attaque de ce côté. Les troupes de protection devaient se déployer en bataille à partir de la tête du pont, parce qu'on avait eu avis de la présence de l'ennemi sur la route de Sophia et dans les plaines de la rive gauche du Vid. Il convenait également de protéger l'aile gauche contre l'attaque d'un ennemi venant du sud-ouest; aussi Osman pacha fit-il installer sur les collines de Ternina, au point 30, deux bataillons pris parmi les troupes du front sud et commandés par le chef de bataillon Talaat bey.

Le 28 septembre, à dix heures du matin, la division mobile quitta la tête du pont et, en même temps, les deux bataillons de Talaat bey partirent de Baghlar-Bachi. La division, se déploya dans la plaine, précédée de sa cavalerie; l'ennemi ouvrit le feu le premier; on riposta tout en avançant de façon à couvrir la marche du convoi, qui remontait la rive gauche de la rivière, et à ne pas offrir un but fixe à l'adversaire. Pendant ce temps, les bataillons arrivés au point 30 surveillaient le terrain dans la direction de Kartouschaven et celle de Medeven. Vers midi, les voitures et leur escorte arrivèrent à Ternina. Elles furent immédiatement chargées et on put les reconduire à Plevna sans difficultés, bien que le combat fût devenu assez vif dans la plaine. Vers le soir, la division revint à la tête du pont; à la nuit tombante, les bataillons de Talaat bey regagnèrent également leurs anciennes positions, après avoir allumé des feux au point 30, pour faire croire à l'ennemi, installé en face au village du Petit-Doubniak, que ce point était encore occupé.

Le lendemain 29 septembre, on recommença la même opération, pour enlever de Ternina ce qui pouvait encore y rester. La division se forma de nouveau en bataille, sur la rive gauche du Vid ; deux bataillons, sous le commandement du chef de bataillon Houloussi effendi, occupèrent le point 30. Pendant qu'on chargeait les voitures, un détachement de cavalerie ennemie apparut dans le défilé que forme la rivière du côté de Medeven et s'avança vers Ternina en descendant la rive gauche du Vid. On envoya aussitôt la cavalerie turque à sa rencontre. A peu près au même moment, on aperçut plusieurs détachements de troupes russes qui, venant de Terstenik et de Nétropol, passant ensuite derrière le village du Petit-Doubniak, se dirigeaient vers Medeven. Les cavaliers turcs repoussèrent ceux de l'ennemi et les poursuivirent assez loin dans la vallée du Vid, jusqu'à la hauteur dite Pilaftépé qui commande la route de Plevna à Orkhanié. La nuit venait, une partie du convoi prit position sur les collines de Ternina et le reste campa entre le point 30 et le pont.

Vers le soir, Ahmed-Hifzi pacha envoya au Muchir, par la station télégraphique de l'ouvrage de Younous bey, une dépêche lui annonçant que les forces ennemies du côté de Medeven s'étaient augmentées de nombreux renforts arrivés tant de Terstenik que de Nétropol et

Lofdscha. Le général ajoutait qu'il lui semblait difficile et dangereux de continuer à réquisitionner de ce côté.

Osman pacha répondit que la division était en état de se mesurer avec un ennemi même supérieur en nombre et que, dès lors, on pouvait entreprendre une troisième expédition; toutefois, puisque l'ennemi avait dégarni les environs de Terstenik et des deux Nétropol pour envoyer des troupes du côté de Medeven et de Ternina, il était rationnel de renoncer à fourrager dans cette dernière direction, mieux valait tenter une opération de ce genre du côté du Bas-Nétropol.

Ahmed pacha reçut cette réponse dans la nuit. Il fit venir aussitôt à la tête du pont du Vid les deux bataillons qui avaient été détachés de l'ouvrage Baghlar-Bachi au point 30 et il les prit pour servir de réserve à sa division. Le matin (30 septembre), les troupes se mirent en marche se dirigeant vers le village du petit ou Bas-Nétropol; la 1re brigade, sous le commandement de Hakki pacha, fut envoyée dans la direction nord-ouest du village; la 2e brigade et la réserve inclinant vers la gauche, s'en séparèrent et Ahmed pacha les fit couvrir par sa cavalerie contre une attaque éventuelle des Russes venant du Petit-Doubniak. L'ennemi, du village de Gorna ou Haut-Nétropol, qu'il occupait, mit en batterie ses canons et ouvrit le feu contre la division turque. Ahmed pacha arrêta alors ses troupes, les forma en ligne de colonnes avec distance, mit également ses pièces en batterie sur une légère élévation de terrain qui se trouvait à son aile gauche et riposta à l'ennemi. La première brigade, quoique exposée aux feux des

Russes, fit encore un mouvement en avant. Bientôt un détachement ennemi apparut sur les collines au nord d'Opanetz, et deux pièces de canon commencèrent à tirer dans le dos de l'aile droite de la brigade d'Hakki pacha. Celle-ci, sans changer de front, continua à combattre l'ennemi qui était devant elle.

Osman pacha suivait lui-même ces opérations du quartier général, car l'on apercevait le village de Bas-Nétropol, ses environs et les positions occupées par les Turcs. Des renforts arrivant à l'ennemi en face de l'aile droite d'Ahmed pacha, le colonel Suleiman bey, qui commandait Opanetz, en informa le Muchir par le télégraphe ; Osman pacha envoya aussitôt le lieutenant-colonel Izzet bey à Ahmed pacha pour le prévenir, lui recommander de tenir ses troupes en bon ordre et l'engager à redoubler de vigilance. Quand Izzet bey arriva, le combat avait pris un caractère assez sérieux. Forte de deux batteries, l'artillerie ennemie, s'avançait au-devant de la 1re brigade, en exécutant des feux de salves; les infanteries turque et russe formées en bataille et précédées de leurs tirailleurs étaient engagées peu après; des projectiles ennemis mirent le feu au village de Bas-Nétropol, et un caisson qui se trouvait à l'aile gauche de la 1re brigade prit feu par accident; l'explosion tua sept artilleurs ainsi que les chevaux de Véli bey et de son escorte. Sans se préoccuper du combat, les troupes envoyées dans Nétropol pour enlever les fourrages continuèrent à charger leurs voitures et à les diriger au fur et à mesure sur Plevna. Dès qu'on fut assuré de leur rentrée en ville,

Ahmed pacha, plein de confiance en ses troupes, voulut attaquer l'ennemi ; il prenait déjà ses dispositions, à cet effet, quand les Russes battirent en retraite. La nuit était proche, on n'avait plus le temps d'engager une poursuite, qui du reste n'était pas l'affaire de la division, car sa mission consistait uniquement à réquisitionner ce qu'elle pourrait trouver. Elle rentra donc au camp. Le colonel Vély bey se distingua dans cette affaire par son entrain, son courage et son habileté. Le nombre des tués ou blessés s'éleva à 120 hommes environ (1).

On avait également signalé l'existence de grains et de fourrages dans les villages de Doubniak ; mais ces localités étaient assez éloignées, et, d'autre part, l'ennemi occupait fortement les environs de Medeven. Pour entreprendre de nouvelles expéditions, la division mobile, fatiguée des combats qu'elle venait de livrer successivement pendant plusieurs jours, fut renforcée. Son effectif fut porté à 17 bataillons, 10 pièces de campagne et deux régiments de cavalerie. Le lieutenant-colonel Izzet bey en fut nommé chef d'état-major. La division ainsi augmentée fut envoyée à trois reprises dans la direction des villages de Doubniak : les deux premières fois, elle s'empara des céréales et fourrages

---

(1) La *Guerre d'Orient,* par un tacticien, place ce combat à la date du 2 octobre et le croit provoqué par les Roumains, qui voulaient faire une reconnaissance sur Opanietz ; il parle d'un corps turc considérable et prétend que le général Kryloff, qui n'avait que de la cavalerie, battit en retraite spontanément à 3 heures et demie en apprenant que la reconnaissance ne se ferait pas.

16

qui s'y trouvaient et les transporta à Plevna ; la troisième fois, il s'agissait de protéger la marche de Chefket pacha, qui arrivait d'Orkhanié à la tête d'un convoi de vivres et de munitions.

§ 4. — ARRIVÉE A PLEVNA DU CONVOI AMENÉ PAR CHEFKET PACHA ET RÉTABLISSEMENT DES COMMUNICATIONS AVEC SOPHIA.

Le général de division Chefket pacha, commandant d'Orkhanié, avait reçu l'ordre de faire parvenir à Plevna des convois de ravitaillement, en assurant la route qu'ils devaient suivre.

Le 6 octobre, Chefket pacha partit d'Orkhanié avec un convoi de 500 voitures environ, escorté par quinze bataillons d'infanterie, deux régiments de cavaliers auxiliaires circassiens et douze canons. Jusqu'à Telisch, où l'on arriva le 7 dans l'après-midi on n'avait pas aperçu l'ennemi. Tandis que les troupes s'installaient pour la nuit, des cavaliers ennemis se montrèrent dans les environs. On lança contre eux le régiment de cavalerie Fethié, qui les poursuivit jusqu'au village de Rakita. La température avait notablement baissé, une neige fondante qui tombait depuis plusieurs jours avait gonflé les cours d'eau et défoncé le sol de la chaussée. Chefket pacha laissa la majeure partie de ses troupes sur la route pour y faire les réparations nécessaires, et il fit continuer sa marche au convoi, qu'il accompagna lui-même avec le régiment de cavalerie Fethié jusqu'à Plevna, où il entra le dimanche 8 octobre. Il passa la nuit dans cette ville pour prendre les ordres du Muchir, et il repartit le lendemain pour Orkhanié. Sur sa route, il rencontra dans la plaine située entre le village de Radomirtzé et celui de Loukovik un convoi russe de 15,000 moutons, de 500 bœufs ou buffles et de 100 chevaux. Après une petite escarmouche, il s'en empara ; il envoya 3,000 moutons à Plevna et avec le reste il rentra à Orkhanié.

Pendant le court séjour de Chefket pacha à Plevna, il n'avait été question que des moyens à employer pour maintenir les communications entre cette ville et Orkhanié. L'insuffisance des approvisionnements et l'approche de l'hiver étaient pour Osman pacha de graves sujets de préoccupation.

Le Maréchal avait pour cette raison demandé à Constantinople l'autorisation de se replier sur Loukovik et Orkhanié. On lui répondit que la position de Plevna avait acquis trop d'importance pour qu'on pût l'abandonner ; il fallait à tout prix la conserver. On ajouta qu'on lui enverrait les vivres et les approvisionnements dont il avait besoin. Osman pacha fit connaître ce qui lui manquait ; on lui renouvela les mêmes promesses ; devant se résigner à rester à Plevna, il ne songea plus désormais qu'à assurer ses communications avec Orkhanié.

A cet effet, on pouvait, dans les circonstances actuelles, adopter deux combinaisons :

Faire partir en même temps de Plevna et d'Orkhanié deux colonnes qui se rencontreraient à mi-chemin. Le convoi, parti d'Orkhanié sous l'escorte de la colonne mobile de cette division, continuerait sa route avec la colonne venue de Plevna, laquelle lui servirait d'escorte à partir de ce point.

Ou bien occuper quelques points importants sur la route, les fortifier, y laisser des forces suffisantes, pour assurer la liberté des communications entre Plevna et Orkhanié, et, en même temps, diminuer autant que possible l'escorte des convois. Les garnisons des points occupés pouvaient accompagner ceux-ci de distance en distance et un détachement de Plevna viendrait toujours à leur rencontre.

Cette combinaison parut la meilleure. Plevna est à 28 kilomètres et demi d'Orkhanié ; les stations intermédiaires sont les villages du Petit et du Grand-Doubniak, de Telisch, de Demirkeui, de Radomirtzé et de Loukovik. Les trois premières furent affectées au corps d'armée de Plevna et les trois autres à la division d'Orkhanié. Le Petit-Doubniak est situé à trois heures de Plevna et à deux heures du pont ; le Grand-Doubniak est à une heure du Petit-Doubniak, et Telisch, à trois heures du Grand-Doubniak, de sorte que le corps d'armée de Plevna devait garder une ligne de sept heures de marche. La division mobile fut chargée de cette surveillance.

Outre sa mission toute militaire, le général Chefket pacha avait reçu une autre mission plus flatteuse et plus agréable. Il avait été chargé d'apprendre à Osman pacha que S. M. le Sultan lui avait conféré le titre de Ghazi (Victorieux), haute distinction qui, dans l'histoire des guerres de l'Islam, a été conférée aux généraux ayant accompli les plus brillants faits d'armes. Cette récompense, donnée à l'héroïque soldat qui, pendant sept jours consécutifs, avait lutté sans se laisser entamer contre des forces supérieures et avait mis plus de 20,000 ennemis hors de combat, fut accueillie avec enthousiasme par l'armée. L'ordre du jour fut lu, le 8 octobre, devant le front des troupes. Les soldats acclamèrent à trois reprises le Souverain pendant que l'artillerie tirait les salves réglementaires.

L'Europe entière ratifia la décision du Sultan.

Ahmed-Hifzi pacha, qui se trouvait du côté des villages de Doubniak, reçut par écrit l'ordre d'occuper les stations de la route d'Orkhanié, dont la garde était confiée à l'armée de Plevna. Il laissa 5 bataillons avec 2 canons et un peu de cavalerie au colonel Véli bey, qui s'installa au Petit-Doubniak, et on commença à s'y fortifier. Le village du Grand-Doubniak, où il y avait lieu d'entreprendre des travaux de défense plus considérables, reçut 6 bataillons avec 4 canons et 4 escadrons de cavalerie; le général Ahmed pacha s'y établit, en gardant auprès de lui le lieutenant-colonel Izzet bey. Enfin, 6 bataillons avec 4 canons furent envoyés à Telisch sous le commandement d'Hakki pacha. Plusieurs stations télégraphiques furent aménagées le long de la route de Sophia, que l'on rendit complètement libre à partir du 14 octobre.

Les Russes, de leur côté, recevaient chaque jour des renforts, et leur artillerie ne cessait de bombarder jour et nuit les retranchements de Plevna. En même temps, ils cheminaient vers la ville et travaillaient à l'établissement de parallèles et de tranchées. Ce changement dans le caractère de l'attaque ne laissait pas que d'inquiéter Osman pacha; il était avisé de l'arrivée des renforts que recevait l'armée russe; il avait pu voir lui-même les travaux entrepris par les assiégeants pour renforcer leur ligne d'investissement; il lui paraissait bien difficile de conserver longtemps ses communications avec Orkhanié. Il cherchait pourtant à se rassurer lui-même, en se disant qu'une armée comme la sienne, qui depuis trois mois tenait en échec la plus grande partie des forces ennemies, qui l'empêchait de reprendre l'offensive, qui avait relevé si haut le drapeau ottoman, ne pouvait être oubliée et abandonnée.

Vers le 18 octobre, on apprit qu'une partie du corps d'armée de la garde impériale russe et du corps des grenadiers avait franchi le Danube et que le reste était sur le point d'arriver. On mit une activité fiévreuse à terminer les travaux de défense et on se prépara à résister aux attaques imminentes de l'ennemi. Le 19 octobre, vers midi, les Roumains ouvrirent une violente canonnade contre la redoute Bach-Tabia (n° 7), puis, ils s'élancèrent impétueusement à l'assaut. On dirigea contre eux une fusillade et un tir de mitraille qui les obligèrent à se retirer avec de grosses pertes. L'ennemi sembla renoncer à une nouvelle tentative. Mais ce n'était là qu'une feinte à laquelle les Turcs ne se laissèrent pas prendre. En effet, pendant la nuit, les Roumains, après avoir recommencé la canonnade, lancèrent de nouveau plusieurs colonnes à l'assaut. Pendant quatre heures, ils firent les plus grands efforts et combattirent en désespérés, mais ces attaques vinrent se briser contre la résistance des soldats turcs, et, en fin de compte, les Roumains se virent contraints de rentrer dans leurs anciennes positions.

Le 23 octobre, le bombardement général augmenta d'intensité et il se prolongea pendant plusieurs jours; le 24, le fil télégraphique de Plevna à Orkhanié fut coupé au moment où l'on correspondait, et l'ennemi, pour resserrer davantage le cercle d'investissement, attaqua les collines de Ternina.

§ 5. — OCCUPATION PAR LES RUSSES DES COLLINES DE TERNINA.

Le 24, dès l'aube, les batteries russes de Grivitza, de Radischevo et des autres positions en face du Caïalideré continuèrent leur tir. Celles de Radischevo prenaient pour objectif l'ouvrage de Ghazi-Osman pacha, n° 26, à l'est du village de Krichine. Entre 11 heures et midi, on aperçut, de l'ouvrage de Younous bey, 5 bataillons environ qui, s'avançant vers les pentes des collines de Ternina, du côté de la vallée de Kartouschaven, gravirent ces collines sur la crête desquelles leur avant-garde ne tarda pas à se montrer.

On n'avait pas occupé ces collines pour ne pas trop disperser les troupes et ne pas diminuer l'effectif des garnisons des positions les plus importantes. Quand on vit le mouvement de l'ennemi, on envoya 2 compagnies vers le point 28; en leur recommandant de se défiler des Russes, et de se porter dans la direction du point 29, afin de faire supposer à l'ennemi que la tète du vallon de Keremitchi, qui part de ce point vers Plevna, était occupée. Younous bey, après avoir donné à ces compagnies les instructions les plus précises, prévint par télégramme le Muchir et Tahir pacha, commandant du front sud, lequel se trouvait alors dans l'ouvrage de Ghazi-Osman, n° 26, puis fit ouvrir par son artillerie un feu des plus vifs sur les troupes ennemies, afin de les disperser et de les arrêter; mais le tir de ces pièces ne produisit pas l'effet désiré.

Au moment où les Russes apparurent, les soldats turcs étaient occupés à charger sur tous les chevaux de bât des bataillons du bois destiné à la confection des gabions; ils se replièrent sur les ouvrages et l'on put constater, d'après leur témoignage, que l'on ne s'était pas trompé sur l'effectif des forces ennemies dont on avait signalé l'approche au Muchir. Osman pacha résolut d'occuper les points 28, 29, et de chasser l'ennemi des crètes du point 30, comme aussi des points 28, 29, dans le cas où il s'y serait déjà établi. A cet effet, il envoya du quartier général le général de brigade Tewfik pacha et le lieutenant-colonel Pertew bey, avec 2 bataillons et 2 canons de montagne, et il donna l'ordre à Tahir pacha de leur adjoindre encore 3 bataillons, afin de porter la force du détachement à 5 bataillons. Mais les positions du front commandé par Tahir pacha, depuis le Caïalidéré jusqu'au-dessus des collines de Tyrnen, avaient une importance considérable en ce qu'elles maîtrisaient les points occupés par l'ennemi sur la route de Lofdscha et en avant de Brestovetz; l'effectif des troupes dont il disposait était à peine suffisant pour défendre les ouvrages de ce front; Tahir pacha prévint le Muchir qu'il ne pouvait détacher qu'un bataillon; toutefois, suivant la tournure que prendrait l'opération projetée, il tâcherait d'y coopérer dans la mesure du possible.

Osman pacha, de son côté, n'avait pas de réserves au quartier général, mais seulement quelques volontaires de « l'Union ottomane »; il lui aurait fallu un certain temps pour tirer des troupes des autres points et les envoyer à Tewfik pacha. Il dut se résigner à faire attaquer les Russes par 3 bataillons seulement, en promettant à Tahir pacha de le secourir en cas de besoin. Le bataillon Moustahfiz, de Sparta, fut envoyé vers les ouvrages 22 et 21, avec l'ordre de se dissimuler et d'attendre les troupes qui devaient le rejoindre. Elles arrivèrent entre une et deux heures de l'après-midi.

Tewfik pacha fit avancer aussitôt le bataillon nizamié qui rejoignit au point 28 les deux compagnies qu'Younous bey y avait envoyées précédemment, et il se rendit lui-même, accompagné de Pertew bey, à l'ouvrage n° 23 pour reconnaître les points occupés par l'ennemi.

Tout bien examiné, Tewfik pacha demanda au Muchir de lui envoyer 2 pièces de campagne à la place des canons de montagne qu'il avait emmenés avec lui du quartier général. Osman pacha fit partir de suite les pièces demandées; mais, pour ne pas retarder le mouvement, il télégraphia de prendre, en attendant, 2 pièces dans les ouvrages de Younous bey et de Kovanlik.

Tewfik pacha put donc rejoindre son détachement et marcher à l'ennemi.

Quand le général, avec les deux bataillons amenés par Pertew bey, eut rejoint au point 28 le bataillon nizamié, il fit prendre la formation de combat : deux compagnies du bataillon de Milas, déployées en tirailleurs, furent jetées en avant; quatre autres furent envoyées, deux à droite, deux à gauche, en flanqueurs, tandis que les deux compagnies restantes formaient la réserve. Le bataillon, inclinant à droite, se dirigea vers le nord-ouest, tandis que les deux autres bataillons et les canons le suivaient à une certaine distance.

Un peu avant d'arriver au point 30, on se heurta aux avant-postes de l'ennemi. Les canons furent mis en batterie. Les Russes, sans essayer de résister, se retirèrent précipitamment sur les collines immédiate-au-dessus de Ternina, en abandonnant marmites et havresacs. Les deux autres bataillons turcs s'étaient arrêtés au bruit de la fusillade et ils commençaient déjà à se former en bataille, quand le bataillon d'avant-garde les informa de la retraite de l'ennemi.

Le détachement se concentra alors tout entier au point 30; la nuit approchait, on n'avait plus le temps de continuer l'offensive projetée, et Tewfik pacha ordonna de creuser immédiatement des tranchées. Le terrain était inculte, en partie découvert et semé de bouquets d'arbustes; il eût été imprudent d'y laisser les canons pendant la nuit; Tewfik pacha les emmena avec lui vers le soir, en reportant son monde en arrière. Cette escarmouche n'avait coûté que quelques blessés.

Les soldats, sous la direction de Pertew bey, construisirent, pendant la nuit, des tranchées-abris et un épaulement destiné à recevoir les canons qu'on devait ramener le lendemain.

Bien que l'ennemi eût ses avant-postes à une portée de fusil et le gros de ses forces de ce côté sur les collines de Ternina, d'où il tirait sans relâche sur le point 30, on parvint cependant à y élever une redoute carrée.

Peut-être eût-il mieux valu expulser l'ennemi de ces collines et s'y établir solidement, pour commander la plaine du Vid et pouvoir manœuvrer dans ces parages avec plus de sécurité ; mais l'insuffisance des forces ottomanes ne permit pas de mettre ce plan à exécution, et, par une coïncidence bizarre, le fait tourna plus tard à l'avantage des Turcs.

CHAPITRE VI.

ÉVÉNEMENTS SURVENUS PENDANT LES DERNIERS JOURS.

---

§ 1ᵉʳ. — ÉTAT DU CAMP RETRANCHÉ DE PLEVNA
A LA FIN D'OCTOBRE (VOIR LA CARTE Nᵒ 9).

La ligne de défense de Plevna avait alors un développement de quatre à cinq lieues. Elle était divisée en cinq secteurs, savoir :

Le premier secteur, fronts nord et nord-est, depuis Boukova, jusqu'aux abords de Grivitza : ouvrages nᵒˢ 3, 4, 5, 6, avec son redan et redoute nᵒ 7 ou Bachtabia, relevant du général de division Adil pacha, ayant sous ses ordres les généraux de brigade Sadik pacha, Edhem pacha, le colonel d'état-major Haïri bey, le colonel d'infanterie Hafouz-Abdul-Hezel bey et les lieutenants-colonels d'infanterie Kiazim bey et Latif bey.

Le deuxième secteur, fronts est et sud-est, depuis l'ouvrage d'Ibrahim bey, jusqu'à la vallée du Caïalidéré : ouvrages de Tchorum, 13 ; d'Ibrahim bey, 14 ; d'Atouf pacha, 11 ; d'Omer bey, 16.

Il était confié au général de brigade Atouf pacha, ayant sous ses ordres le colonel d'infanterie Omer bey, le lieutenant-colonel d'infanterie Natouh bey.

Le troisième secteur, comprenant les fronts sud et sud-ouest depuis la vallée du Caïalidéré jusqu'aux collines de Ternina.

Le quatrième secteur, comprenant les fronts ouest, depuis les collines de Ternina jusqu'à la tête du pont : il avait été attribué au général de brigade d'état-major Tahir pacha, ayant sous ses ordres le général de brigade Omer-Tahir pacha, les colonels de cavalerie Osman bey, Bekir bey, le colonel d'infanterie Younous bey, le lieutenant-colonel d'état-major Tahir bey, les lieutenants-colonels d'infanterie Pertew bey, Abdoullah bey, et de cavalerie Chefki bey.

Et le cinquième secteur, comprenant le front nord-ouest, avec les collines d'Opanetz, sur lesquelles s'élevaient deux redoutes et une batterie.

Il était sous les ordres du colonel Suleiman bey, ayant pour adjoint le chef d'escadron d'état-major Hakki bey.

Le quartier général et les ouvrages Arab et Ichtyat n'étaient pas compris dans cette répartition. Le Muchir y résidait avec les généraux Tewfik pacha, Hussein-Wasfi pacha, Ahmed pacha et le lieutenant-colonel Nazif bey, qui remplissait les fonctions de commandant du quartier général.

Quelques officiers comme Omer bey (ouvrage 16),

Younous bey (ouvrage 23), Tahir bey (ouvrage 26), Abdoullah bey (ouvrage 21), Pertew bey (ouvrage 30), Saïd bey (ouvrage de la tête de pont), exerçaient dans leur redoute un commandement pour ainsi dire indépendant.

Depuis le commencement de l'investissement, des fils télégraphiques reliaient plusieurs de ces ouvrages au quartier général. Le premier fil allait au Janik-Baïr et, delà, à la redoute Bach-Tabia; le deuxième, à l'ouvrage de Younous bey; le troisième, à la tête de pont; et le quatrième, aux collines d'Opanetz.

§ 2. — ÉVÉNEMENTS SURVENUS DU 24 OCTOBRE
AU 31 OCTOBRE.

Le 24 octobre, les Russes réoccupèrent les collines de Ternina; ils semblaient vouloir resserrer l'investissement, qui s'était sensiblement relâché pendant quelque temps.

Du 13 septembre au 24 octobre, tout en continuant le bombardement, ils s'étaient rapprochés de plus en plus de la ligne de défense turque, particulièrement du côté de Grivitza, où, pendant la nuit, ils poussaient leurs travaux d'approche.

A partir du 24 octobre, ils imprimèrent à ces travaux une fiévreuse activité, surtout du côté de l'ouest, où se trouvait la seule ligne de retraite de l'armée ottomane.

Maîtres des collines de Ternina, les Russes y éta-

18

blirent un fort détachement et, pendant quelques jours, ils ouvrirent un feu nourri de shrapnels sur l'ouvrage nº 30, du lieutenant-colonel Pertew bey. Les adversaires étaient si rapprochés, qu'on en vint aux mains plusieurs fois. Mais comme la position nº 30 était un peu en l'air, on y remplaça les deux pièces de campagne par deux canons de montagne plus mobiles, avec lesquels on comptait d'ailleurs tirer à mitraille.

Le 28 octobre, l'ennemi, après plusieurs escarmouches, envoya au point R des détachements qui, le lendemain au lever du jour, commencèrent des travaux de terrassement. On essaya de disperser les travailleurs en faisant agir l'artillerie de l'ouvrage de Younous bey, et on prévint télégraphiquement le Muchir. Osman pacha ordonna de chasser les Russes. Le commandant Talaat bey, avec deux compagnies et deux pièces de montagne, appuyé par les feux de l'ouvrage 23, se rendit au point P et engagea un combat d'artillerie avec les Russes, auxquels il fit envoyer quelques salves par son infanterie. Mais les Russes amenèrent et mirent en batterie quelques pièces de gros calibre sous la protection desquelles les travailleurs, sans se reposer ni jour ni nuit, achevèrent d'élever leurs retranchements au point R.

Le même jour, les batteries ennemies en avant de Brestovetz et près de la route de Lofdscha, se mirent à tirer par salves. On sut plus tard que les Russes avaient voulu célébrer de la sorte l'achèvement de leur ligne d'investissement. Tout en cherchant presque chaque jour à jeter le trouble dans les lignes turques, les Russes faisaient mouvoir dans le lointain, du côté de Toultchenitza et de Bogot, sur la route de Lofdscha et en arrière des crêtes que franchit cette route, des détachements composés tantôt de cinq à dix bataillons, tantôt de dix à quinze, avec un ou deux régiments de cavalerie. Ces mouvements, aperçus des fronts est et sud, étaient signalés aussitôt au Muchir, qui renouvelait ses recommandations de redoubler de vigilance pour éviter une surprise.

Les troupes qui occupaient les positions du Doubniak étaient fort exposées aux attaques de l'ennemi; aussi les vigies placées dans l'ouvrage de Younous bey et à la tête du pont, avaient-elles reçu l'ordre de veiller tout spécialement de ce côté.

Le 23 et le 24 octobre, on observa dans cette direction les indices d'un combat acharné, qui dura effectivement deux jours et une nuit. On attribua cette affaire à l'arrivée d'un convoi et de troupes de renfort ou à une attaque des troupes du Grand-Doubniak. Il aurait fallu, dans un cas comme dans l'autre, envoyer des secours de Plevna; mais depuis deux jours l'ennemi bombardait sans relâche les positions turques avec une violence extrême, et il venait de réoccuper les collines de Ternina. On ne pouvait guère, alors qu'on redoutait un assaut, détacher des troupes de la garnison de Plevna; en admettant même que cet assaut n'eût pas lieu, ces troupes, prises en flanc par l'ennemi, eussent été aussi exposées dans leur marche en avant que dans leur retraite.

Le colonel Véli bey, commandant du Petit-Doubniak, fit savoir à Osman pacha, le 26 octobre, par un messager qui réussit à entrer dans Plevna, que depuis deux jours on n'entendait plus aucun bruit du côté du Grand-Doubniak; il était donc probable qu'Ahmed-Hifzi pacha avait dû se rendre; Véli bey ajoutait qu'on ne recevait également aucunes nouvelles de Hakki pacha et de Telisch, et il demandait en conséquence des instructions. Le Muchir jugea prudent de faire rentrer à Plevna le détachement de Doubniak et il envoya l'ordre, la nuit même, par un officier circassien.

Ayant réuni dans la journée du 27 octobre les troupes et les habitants, Véli bey commença son mouvement à neuf heures et demie du soir, en prenant toutes les précautions nécessaires pour dérober sa marche à l'ennemi. Il ne fit halte qu'à peu de distance du pont du Vid. Les Russes ne l'inquiétèrent pas pendant sa retraite; ils l'attaquèrent seulement quand il était près d'arriver à la ville; Osman pacha fit aussitôt sortir quelques troupes, et l'ennemi fut repoussé après un combat d'une heure, dans lequel les deux cavaleries se chargèrent à plusieurs reprises; quoique les troupes engagées fussent peu nombreuses, ce combat fut l'un des plus violents livrés sous Plevna.

L'investissement avait été complété le 24 octobre; l'abandon du Petit-Doubniak et la retraite de Véli bey rendaient la situation encore plus difficile.

On connut enfin le 31 octobre la signification des coups de canon que l'on entendait le 23 et le 24 octobre dans la direction du Grand-Doubniak. On avait livré sur ce point une sanglante bataille, dans laquelle les troupes turques avaient été obligées de mettre bas les armes. On apprit en même temps que Ilakki pacha avait capitulé à Telisch. Ce fut le général Gourko lui-même qui fit connaître ce désastre à Osman pacha. Le 31 octobre, un officier et quatre soldats turcs se présen-tèrent aux avant-postes de la tête de pont. On les con-duisit au quartier général, où ils furent interrogés. Ils racontèrent qu'ils avaient été faits prisonniers les uns à Doubniak, les autres à Telisch. Le général Gourko, com-mandant les troupes russes, les avait remis en liberté en leur donnant l'ordre d'aller annoncer à Plevna que Doubniak et Telisch étaient aux mains des Russes et que les garnisons turques avaient été faites prisonnières (1).

Quoiqu'elle fût prévue déjà depuis quelque temps, cette nouvelle causa une vive émotion dans le camp retranché de Plevna, mais elle n'abattit pas le courage des assiégés qui, décidés à résister jusqu'à la dernière extrémité, n'avaient pas perdu l'espoir d'être délivrés par une armée de secours (2).

§ 3. — OPÉRATIONS DÉFENSIVES DEPUIS LE 1er NOVEMBRE JUSQU'A LA SORTIE DU 8 DÉCEMBRE.

Le 4 novembre, les batteries russes ouvrirent le feu sur les hauteurs d'Outchindol et elles continuèrent les jours suivants en changeant de position.

---

(1) Voir annexe n° 10 (combat du Grand-Doubniak avec carte).
(2) Voir annexe n° 11.

Le 5, au matin, on constata l'existence de retranchements et d'épaulements de batterie élevés en avant de Brestowetz, pour bombarder Plevna et rétrécir la ligne d'investissement. L'occupation du point R par l'ennemi n'était que le prélude des mouvements ultérieurs qu'il comptait entreprendre. L'ouvrage de Younous bey se trouvait maintenant exposé à des feux convergents qui allaient bientôt le rendre intenable. On en prévint Osman pacha et on le pria de venir sur les lieux apprécier lui-même la situation de l'ouvrage. Le Muchir s'y rendit le lendemain ; après avoir examiné les positions de l'ennemi et étudié le terrain, il ordonna d'occuper certaines positions sur la crète en face du point R, afin de paralyser autant que possible l'artillerie de l'attaque de ce côté.

Le 7 novembre, un bataillon envoyé du quartier général s'installa au point 29· et y entreprit des ouvrages de défense comprenant une redoute carrée et, en avant, deux tranchées extérieures, où la garde d'infanterie se trouverait moins exposée aux projectiles de l'ennemi. Les Russes, de leur côté, tout en resserrant le cercle de leurs attaques, cherchaient à s'établir solidement sur la ligne éventuelle de retraite des Turcs du côté de Ternina, notamment au point Q, sur les hauteurs au-dessus de Kartouschaven.

Le 9 novembre, il faisait un brouillard intense ; on pensa que l'ennemi en profiterait, pour entreprendre quelque nouvelle attaque, ou pour rapprocher ses lignes. Pendant la journée, il cessa de tirer, mais vers le coucher du soleil il dirigea un feu des plus violents contre le quartier général ; les ouvrages de Younous bey, de Nisch, de Ghazi-Osman, d'Ali bey ou Hadji baba (25), les trois derniers de construction récente. La canonnade dura jusqu'à neuf heures du soir ; les Russes tentèrent alors une attaque par la vallée du Caïalidéré, sur les collines vertes. La lutte fut acharnée ; elle se prolongea, avec des alternatives diverses, jusqu'à dix heures du soir ; en fin de compte, les assaillants, découragés par la résistance des troupes turques, se décidèrent à battre en retraite. Cette attaque était conduite par le général Skobeleff en personne ; les auteurs étrangers ne manquent pas de la citer en lui attribuant d'ailleurs des proportions exagérées et des résultats inexacts. Cette affaire n'en fut pas moins la plus sérieuse de cette période du siège.

Le lendemain, 10 novembre, quand l'horizon s'éclaircit, on vit que le point Q était occupé par l'ennemi, qui l'avait fortifié et avait creusé en avant des tranchées-abris ; il s'était en outre établi au point H pour maîtriser complètement la vallée du Caïalidéré. Pendant cette journée, les Russes attaquèrent les avant-postes de l'ouvrage de Younous bey, mais ils furent repoussés.

Les batteries élevées par l'ennemi dans les positions Q, I et H, ouvrirent le feu sur les ouvrages de Younous bey, de Talaat bey et sur la redoute 27. Le Maréchal, averti, donna l'ordre d'occuper une nouvelle position vis-à-vis du point Q. On choisit le point n° 28, entre les ouvrages 22 et 29, et on commença immédiatement à y élever une redoute hexagonale avec un emplacement de batterie en avant et à droite.

L'ennemi, changeant alors la direction de ses attaques, s'avança, dans la nuit du 10 au 11 novembre, jusqu'au point J, en face de l'ouvrage de Ghazi-Osman pacha. Les troupes turques l'accueillirent comme d'habitude ; mais les batteries placées en avant de Brestovetz soutinrent l'assaillant et la lutte continua jusqu'à une heure du matin. Repoussés finalement, les Russes battirent en retraite sous la protection de leur artillerie.

Le 11 novembre, la canonnade et les combats d'avant-postes se prolongèrent jusqu'à la nuit. Le 12, l'ennemi dirigea le feu de toutes ses batteries sur le quartier général, sur l'ouvrage de Ghazi-Osman pacha (n° 26) ; puis, vers neuf heures du soir, il tenta contre le front et la face droite de cet ouvrage une nouvelle attaque qui échoua.

Dans l'après-midi du même jour, un officier russe, accompagné de six cavaliers cosaques, dont un portait le fanion parlementaire, arrivant par la route de Sistova, du côté de Grivitza, se dirigea vers le quartier général. Osman pacha, envoya immédiatement au-devant de cet officier un officier turc qui revint avec une lettre du grand-duc Nicolas ; l'officier russe attendait la réponse.

La lettre était conçue en ces termes :

« Les troupes ottomanes du Grand-Doubniak et de
« Telisch ont été faites prisonnières ; l'armée russe s'est
« emparée des positions d'Osikovo et de Vratza ; Plevna
« est entourée par l'armée russe renforcée des corps
« d'armée de la garde impériale et des grenadiers ; les
« communications sont coupées ; on ne doit plus comp-

« ter sur aucun ravitaillement. Au nom de l'humanité,
« et pour éviter une inutile effusion de sang dont le Mu-
« chir porterait seul la responsabilité, le Grand-Duc
« invite Osman pacha à cesser la résistance et à dési-
« gner un endroit où l'on puisse traiter des conditions
« de la capitulation. »

Osman pacha, après avoir pris connaissance de cette lettre écrite dans l'intention de l'intimider, dicta sa réponse au général de brigade d'état-major Hussein-Wasfi pacha, puis l'envoya auprès d'un journaliste français, Olivier Pain, qui fut invité à la transcrire en français. Voici cette réponse :

« Les troupes impériales, placées sous mon com-
« mandement, n'ont pas cessé de faire preuve de cou-
« rage, de constance et d'énergie ; dans tous les com-
« bats livrés jusqu'à ce jour, elles ont été victorieuses
« des troupes russes qui leur étaient opposées ; S. M. le
« Tzar s'est vu, pour cette raison, forcé de faire venir,
« comme renforts, les corps d'armée de la garde et des
« grenadiers. Les défaites du Grand-Doubniak et de
« Telisch, la capitulation des troupes qui s'y trou-
« vaient, l'interruption des communications, l'occupa-
« tion des routes, ne sont pas des raisons suffisantes
« pour que je sois forcé de me rendre. Rien ne manque
« à mes troupes et elles n'ont pas encore fait tout ce
« qu'elles doivent pour sauvegarder leur honneur mili-
« taire. Jusqu'à ce jour, nous avons répandu avec joie
« notre sang pour notre Patrie et notre Foi ; nous con-
« tinuerons à agir ainsi plutôt que de nous rendre.
« Quant à la responsabilité du sang versé, elle incombe,

19

« en ce monde aussi bien que dans l'autre, à ceux qui
« ont provoqué la guerre. »

Cette lettre, dans laquelle le Maréchal exprimait si
bien ses nobles sentiments et la façon dont il comprenait le devoir et l'honneur militaires, fut unanime-
ment approuvée par ses généraux, ses officiers et ses
soldats.

Les cosaques qui escortaient l'officier russe parlementaire ayant demandé aux Turcs s'ils ne manquaient
de rien, ceux-ci répondirent qu'ils avaient des vivres
en abondance. Les cosaques ajoutèrent encore que l'hiver serait froid et rigoureux. « Nous avons de bons
vêtements, ripostèrent les soldats. » Ce n'était malheureusement pas la vérité, car les troupes n'avaient pas
d'effets de rechange ; et pourtant, ces hommes qui ne
pouvaient se déshabiller, et qui voyaient leurs habits
s'en aller en lambeaux pendant les travaux de terrassement, avaient encore le courage de plaisanter !

Le 13 novembre, le temps étant très couvert, on ne
fit rien de part et d'autre. Pendant la nuit, il y eut
quelques engagements autour des tranchées situées en
avant de l'ouvrage de Ghazi-Osman pacha (n° 26), où
se trouvaient des avant-postes turcs ; il en fut de même
devant les ouvrages 23, 22, 28 ; mais les attaques
échouèrent et, depuis ce moment, l'ennemi renonça à
toute tentative du côté de l'ouvrage de Younous bey
(n° 23).

La journée du 14 novembre s'écoula comme celle de
la veille. Dans la nuit, vers une heure du matin,
l'ennemi attaqua de nouveau les embuscades en avant

de l'ouvrage de Ghazi-Osman pacha. Le combat dura deux heures; après une interruption d'une demi-heure, il reprit de nouveau pour ne finir que vers six heures du matin.

Indépendamment de ces attaques partielles, les Russes tentèrent, pendant cette période du siège, quatre assauts appuyés par une canonnade générale. A l'aile droite, ils arrivèrent jusque dans les tranchées des tirailleurs, où s'engagea un combat à la baïonnette; mais ils furent obligés de battre en retraite en laissant quatre cents hommes sur le terrain.

On se souvient que, au moment de la troisième bataille, les Russes avaient établi sur le point 24, plus élevé que l'ouvrage de Younous bey, une batterie de cinq pièces contre cet ouvrage et contre celui de Talaat bey; l'occupation de ce point devenait indispensable, Younous bey y fit construire une petite redoute ayant des faces de 22 mètres de longueur et pouvant contenir quatre compagnies. Elle fut appelée redoute de Krichine. Du point Q, l'ennemi avait poussé ses avant-postes tout près de cette petite redoute, exposée d'ailleurs au feu des batteries de Brestovetz.

La prise de cet ouvrage pouvait avoir de graves conséquences; le Muchir y envoya Tewfik pacha, qui fit immédiatement raser une partie des deux faces de gorge afin que la redoute de Younous bey put en battre l'intérieur. La redoute de Younous bey était l'objectif constant non seulement des batteries de Brestovetz et de la route de Lofdscha, mais encore de celles que l'ennemi avait élevées aux points R et Q. Pour répondre à ces dernières et détourner autant que possible leur feu, on construisit au nord-ouest et à 200 pas de l'ouvrage 24, un épaulement derrière lequel on installa, pendant la journée, deux pièces de canon.

Les Russes, continuant à s'avancer, arrivèrent à 200 pas de la petite redoute de Krichine, et ils établirent leurs avant-postes au point P ; les Turcs creusèrent alors des lignes de contre-approche sur la crête qui s'étend entre les ouvrages de Younous bey et de Talaat bey, de manière à défendre la tête de la vallée de Ternina et à établir une communication couverte d'un ouvrage à l'autre.

Pendant tout le mois de novembre, les batteries de siège de Radischevo et de Brestovetz, celles des points A et R, et parfois même celles des collines de Ternina, sans compter un certain nombre de canons de montagne transportés au point J, canonnèrent nuit et jour le groupe des ouvrages de Younous bey et de Osman pacha.

Les troupes qui gardaient ces ouvrages, ainsi que les tranchées en avant, restèrent inébranlables sous cette pluie de fer, résistant aux attaques réitérées de l'infanterie russe, et réparant au fur et à mesure les dégâts éprouvés par les retranchements.

Cette situation dura sur le front sud jusqu'à la dernière sortie.

Du côté de l'est les Russes ne s'approchèrent pas autant et ils ne tentèrent aucune attaque ; mais ils canonnèrent les ouvrages Ibrahim bey, Omer bey, Ichtyat et Arab tabia, avec une violence et un acharnement tels, que leur feu y rendait tout mouvement de troupes impossible.

Le front de Grivitza, qui formait l'aile droite du secteur nord de la ligne de défense, avait une grande importance. L'ennemi, de ce côté, cheminait en tranchées. La redoute de Canli tabia, à 250 mètres de la redoute n° 7, fut complètement bouleversée et convertie en une place d'armes, d'où l'on fit partir des tranchées dirigées vers le saillant est de Bach tabia. Bientôt l'ennemi, en raison de la nature du sol, renonça à cheminer dans cette direction et il creusa de nouvelles tranchées jusqu'à 20 pas à gauche et 6 à 8 pas à droite des faces de Bach tabia; puis, pour découvrir l'intérieur de l'ouvrage, il éleva des cavaliers de tranchée à l'extrémité de ses cheminements. Les Turcs, de leur côté, ne restaient pas inactifs; ils construisirent des retranchements nouveaux d'où ils prenaient d'enfilade les tranchées de l'ennemi.

Comme les ouvrages élevés par les Russes avaient un relief de 4 mètres, on ne parvint pas à s'en défiler et, par suite, les troupes qui occupaient Bach tabia ne purent plus recevoir, du camp où se trouvaient les cuisines, leurs rations que pendant la nuit. Ces troupes devant être toujours en éveil, il en résultait pour elles une grande fatigue; aussi était-on obligé de relever les deux bataillons de garde, ainsi que le commandant de l'ouvrage, toutes les vingt-quatre heures; un tour avait été établi, à cet effet, parmi les bataillons de la division d'Adil pacha.

Les soldats des deux armées étaient si rapprochés les

uns des autres, que parfois ils se jetaient des biscuits; des Roumains, qui se rappelaient quelques mots de turc, échangeaient des lambeaux de conversation avec les soldats turcs. Ceux-ci, malgré les fatigues et les travaux de la défense, conservaient une assurance imperturbable qui en imposait à l'ennemi. Quoiqu'ils ne fussent, en certains endroits, séparés des Turcs que par 7 à 8 pas, les Russes et les Roumains hésitaient à tenter un dernier assaut à découvert.

À ce moment au point J, devant l'ouvrage 26, il n'y avait pas plus de 60 à 100 pas de distance entre les lignes d'approche de l'ennemi et les retranchements turcs. Ces derniers, loin d'avoir l'importance de ceux de Grivitza, ne consistaient qu'en une seule ligne de tranchées-abris pour les tirailleurs. Les Russes avaient envoyé sur ce front leurs meilleures troupes y compris la garde impériale, et ces troupes avaient à leur tête un chef d'une rare intrépidité, le général Skobeleff. Néanmoins ils ne réussirent pas à enlever des positions si importantes pour eux et dont les retranchements, incomplets et inachevés, ne possédaient qu'une valeur défensive tout à fait secondaire. Le fait suffirait à lui seul pour justifier le titre de héros que l'histoire a décerné aux défenseurs de Plevna.

Vers le milieu de novembre, les Russes vinrent, dans l'ouvrage de Canli tabia, remplacer les Roumains, qu'on envoya du côté de Nétropol vers l'ouest de la ligne d'investissement. Les Roumains s'entendaient avec les soldats turcs pour se reposer de temps à autre et ils avaient ainsi parfois suspendu d'eux-mêmes les hostilités. Ces

sortes de trêves cessèrent à l'arrivée des Russes. Le
secteur confié aux Roumains s'étendait de Grivitza à
Nétropol; en quittant Canli tabia, ils allèrent ouvrir des
tranchées en face des collines d'Opanetz, afin de s'emparer de cette position, qui est la clef du cinquième
secteur, et leurs excellents canons frettés du système
Krupp, leur permirent d'atteindre à revers le quartier
général. Roumains et Russes faisaient pleuvoir en même
temps une énorme quantité de projectiles sur le pont du
Vid, en vue de détruire cette antique construction qu'ils
ne réussirent pas d'ailleurs à entamer.

Un cercle de feu et de fer étreignait Plevna, et cependant on ne désespérait pas encore; les vigies placées
dans les ouvrages de Pertew bey, de Younous bey, et
à la tête du pont interrogeaient toujours l'horizon, cherchant à apercevoir l'armée de secours. Des hommes
dévoués avaient été envoyés du côté d'Orkhanié; quelques-uns revinrent sur leurs pas sans avoir pu traverser les lignes ennemies, les autres ne reparurent
jamais.

Vers le 27 novembre, les provisions étaient presque
épuisées; même en réduisant les rations, on n'avait
plus de vivres que pour une quinzaine de jours au
maximum. Les animaux, très éprouvés par la rigueur
de la température, n'avaient plus ni orge, ni paille;
la ration se réduisait à quelques brins de fourrage que
l'on réservait aux chevaux de l'artillerie. On ne comptait
plus sur Chefket pacha pour rétablir les communications; on se demandait quand et comment l'armée de
secours parviendrait à forcer la ligne d'investissement

qui se resserrait de plus en plus. Les privations et la misère étaient telles, que chacun songeait à rompre par un effort suprême le cercle des lignes de l'assiégeant.

Les médecins n'avaient plus de médicaments pour soigner les malades et manquaient de charpie pour panser les blessés. La mortalité augmentait d'une manière effrayante; les soldats chargés de l'ensevelissement des morts parcouraient incessamment la ville, porteurs de leur funèbre fardeau; et pourtant on enterrait sur place les hommes tués dans les ouvrages. Le froid devenait très vif; le bois, de plus en plus rare; les soldats en étaient réduits à arracher les racines des ceps de vigne avec leurs baïonnettes pour faire cuire leurs aliments et pour se chauffer. A peine couverts de vêtements en lambeaux, exposés aux intempéries d'un hiver exceptionnellement rigoureux, ils ne touchaient plus qu'une ration de 330 grammes de pain fait avec de la farine de maïs; on y ajoutait quelques épis de maïs bouillis dans l'eau, et c'était tout.

Plevna était devenue un vaste tombeau où périssait dans la misère et l'anxiété une armée de quarante mille hommes complètement séparés du reste du monde. La situation paraissait désespérée (1).

Depuis le 22 novembre, Osman pacha était informé de la prise de Kars. Ce jour-là, de grand matin, on aperçut une affiche fixée sur un poteau en face de l'ouvrage de Pertew bey, c'est-à-dire devant les petits

____

(1) Voir annexe n° 12.

postes russes des collines de Ternina ; elle fut aussitôt enlevée et portée à Tahir pacha, qui la transmit au Muchir. Une ou deux heures après, les Russes suspendirent au même poteau un nouveau placard semblable au premier. Écrite en mauvais turc cette affiche était ainsi conçue : « La forteresse de Kars est prise, l'armée « de Moukhtar pacha s'est rendue, vous êtes cernés « par les Russes de tous côtés, votre Souverain désire « la paix ; Osman pacha seul vous retient ici : rendez- « vous, conservez-vous pour vos femmes et vos enfants. « Si vous ne vous rendez pas, vous mourrez de faim, ou « vous serez tués par les balles russes. »

En même temps, l'état-major russe, du côté de Grivitza, faisait parvenir à Osman pacha quatre numéros du *Times* et deux du *Daily News* où se trouvaient, soulignées au crayon bleu, les lignes suivantes : « Grande « défaite de Moukhtar pacha, échec subi par ce général « au nord de Kars à la suite duquel 20,000 hommes ont « été faits prisonniers et 30 canons pris. » D'après ces journaux, Suleiman pacha n'était pas en mesure de marcher vers le nord-ouest, et Réouf pacha annonçait au Ministre de la guerre à Constantinople que, en raison de la grande quantité de neige tombée pendant trois jours à la Chipka, il lui était impossible d'entreprendre aucune opération.

La chute de Kars ne pouvait sans doute exercer aucune influence sur la situation de Plevna ; mais ces nouvelles, arrivant au moment où la garnison commençait à souffrir sérieusement, n'en produisirent pas moins une fâcheuse impression.

Le 30 novembre au soir, Osman pacha convoqua pour le lendemain matin les commandants des divisions et des brigades.

Le Conseil étant réuni, le Muchir lui posa les deux questions suivantes :

« Faut-il rester à Plevna pendant quelques jours encore et continuer à combattre jusqu'à ce que les vivres soient épuisés, puis capituler quand il n'y aura plus rien à manger? »

« Faut-il, par une sortie désespérée, tenter de forcer la ligne d'investissement? »

Les avis furent partagés et, dans cette première séance, on discuta longuement chacune des deux propositions. A la seconde réunion, on résolut à l'unanimité de tenter la sortie; Osman pacha avait réussi à faire prévaloir son avis ; le procès-verbal constatant cette décision fut aussitôt rédigé et signé.

C'était évidemment le parti le plus honorable à prendre et le plus digne d'une armée qui avait jusqu'alors remporté tant de victoires.

Le Conseil de guerre se réunit encore deux fois pour arrêter le plan de l'opération, et les instructions à donner aux commandants des troupes. On ne pouvait tenter une sortie, avec quelques chances de succès que dans la plaine du Vid du côté de l'ouest ; les autres directions étaient trop bien gardées et trop solidement retranchées pour qu'on pût s'y engager.

Les dernières journées furent employées à préparer les moyens d'exécution. On redoubla de calme et de tranquillité pour mieux cacher à l'ennemi ce que l'on

avait l'intention de faire ; pendant cette période, on n'a
pas autre chose à signaler qu'une démonstration faite
par les Russes dans la plaine du Vid, le 8 décembre.

CHAPITRE VII

SORTIE DE L'ARMÉE DE PLEVNA.

§ 1er. — DISPOSITIONS PRÉPARATOIRES.

Pendant le second investissement de Plevna, l'armée ottomane, sans compter les troupes d'artillerie, de cavalerie et un petit détachement du génie, comprenait 76 bataillons d'infanterie détachés des Ier, IIe, IIIe et Ve corps d'armée, et appartenant, partie à l'armée active (nizam), partie à l'armée de réserve (rédifs), partie à l'armée de réserve (moustahfiz). Dans chaque bataillon, le nombre des hommes capables de travailler et de combattre variait en général entre 250 et 400; quelques-uns avaient des effectifs si réduits, qu'on ne pouvait plus leur donner le nom de bataillon. L'effectif total était d'environ 30,000 combattants et 10,000 non-combattants, plus 2,500 blessés ou malades qui encombraient les ambulances de la ville.

Commander et faire manœuvrer des bataillons d'effectifs si différents eût été chose difficile ; on supprima les bataillons les plus faibles et on égalisa les autres, en ayant soin que chacun des nouveaux bataillons eût un effectif d'au moins 400 combattants. L'armée se trouva alors composée de 57 bataillons qu'on répartit en sept brigades (voir l'ordre de bataille au tableau n° VI). Chaque brigade comprenait deux régiments à quatre bataillons. Les sept brigades formèrent deux divisions : l'une de quatre brigades avec 33 bataillons, la deuxième de trois brigades avec 24 bataillons. Comme la 4ᵉ brigade de la 1ʳᵉ division était destinée à escorter le convoi, on lui affecta 9 bataillons.

Osman pacha devait marcher avec la 1ʳᵉ division, dont il avait confié le commandement au chef d'état-major Tahir pacha ; Adil pacha commandait la 2ᵉ division. Les positions à occuper pour couvrir la retraite furent mises en état de défense au moyen de retranchements et d'abris pour les tirailleurs (voir la carte n° X) ; on jeta plusieurs ponts sur le Vid pour faciliter le passage de l'infanterie.

Afin de diminuer autant que possible le nombre des armes à feu qu'on allait être obligé d'abandonner, on donna à la cavalerie des fusils Peabody-Martiny et aux officiers, ainsi qu'à l'artillerie, des carabines Winchester et Remington. Les musiciens furent armés et préposés à la garde du convoi. On distribua les sabres-baïonnettes en excédent aux soldats des bataillons qui étaient armés de fusils à baïonnette ordinaire. L'infanterie avait des fusils de divers systèmes : Peabody-Martiny, Sniders-Springfield ; ces derniers, dont la portée est seulement de 700 mètres, furent remplacés par les Sniders qui se trouvaient dans les dépôts.

Tous les biscuits conservés dans les magasins ou en réserve dans les corps furent réunis et distribués aux troupes; chaque homme portait sur lui six rations. On employa les vivres de réserve à donner pendant trois jours des rations entières aux soldats pour restaurer leurs forces.

Les moyens de transport furent également répartis à nouveau : chaque bataillon eut à sa disposition 50 chevaux de bât pour porter les munitions, 8 pour l'eau et les bagages; 12 voitures à bœufs traînées par 25 à 27 bêtes, afin qu'il y eût toujours 2 ou 3 bœufs en réserve.

Les munitions furent réparties de la manière suivante : chaque soldat reçut 120 cartouches et chaque bataillon eut en outre, comme réserve, 170 caisses de 1,000 cartouches chacune, dont 100, chargées sur des chevaux de bât, et 70 sur les voitures. Chaque pièce était approvisionnée à 300 coups.

L'argent qui se trouvait dans les caisses fut distribué à raison de huit mille piastres (1,800 francs) par bataillon, et l'on n'oublia pas de pourvoir aux besoins des officiers.

Certains bataillons possédaient un grand nombre de tentes, d'autres n'en avaient que quelques-unes, d'autres enfin en étaient complètement dépourvus. Le Muchir ordonna de faire le recensement de toutes les tentes et de les répartir à raison de 30 par bataillon; les meilleures furent mises au convoi, les autres furent décousues par bandes pour être refaites au besoin, ou pour servir de jambières aux soldats de Roumélie habitués à se chausser de la sorte. Chaque escouade reçut une provision de sel qui devait être portée dans la giberne.

On s'occupa ensuite des dispositions à prendre à l'égard des blessés et des malades au nombre de plus de 2,500.

Osman pacha était bien persuadé que les Russes, en entrant dans Plevna, les traiteraient avec humanité et leur donneraient tous les soins réclamés par leur triste situation; mais, pendant l'intervalle qui s'écoulerait entre le départ des Turcs et l'arrivée des Russes, on pouvait redouter pour eux de mauvais traitements de la part des Bulgares. Il fallait donc, pour diminuer le nombre des victimes probables, emmener tous les blessés susceptibles de supporter les fatigues de la première marche. Osman pacha ordonna aux médecins de procéder avec le plus grand soin à une visite et une contre-visite.

A la suite de cette inspection médicale, on résolut de laisser à Plevna d'abord 700, puis enfin 350 hommes. Ces derniers étaient dans un tel état, qu'ils ne pouvaient même pas se soulever. Les uns avaient subi l'amputation des jambes, d'autres celle des pieds, tous très malades. Il était bien triste de les abandonner, mais pouvait-on agir autrement? Pour éviter qu'il ne leur arrivât quelque malheur au moment même où s'effectuerait la sortie, on les transporta dans des maisons situées le long de la grande route, on mit sur les portes des écriteaux en langue turque et en langue française, indiquant que les maisons ne renfermaient que des blessés, et, au-dessus, on hissa le pavillon du croissant rouge. On laissa pour les soigner quelques infirmiers, quelques officiers de santé et un intendant; enfin on eut soin de leur distribuer 30 jours de vivres.

La veille du jour fixé pour le départ, Osman pacha fit appeler les prêtres bulgares et dix des principaux notables de la ville; il leur rappela la bienveillance et la protection, qu'ils avaient trouvées constamment auprès des autorités turques, et il les conjura, en échange, de ne pas laisser maltraiter les blessés, qu'il confiait à leur humanité. Prêtres et notables jurèrent de les protéger et ils renouvelèrent les mêmes promesses au sous-gouverneur de la ville, Hussein bey, qui leur avait tenu le même langage. On verra, plus tard, comment ils tinrent parole.

Le Maréchal prit également ses mesures pour l'exécution de la sortie. Il tâcha de prévoir toutes les difficultés qu'il pourrait rencontrer. La sortie devant s'effectuer la nuit, on choisit, dans tous les bataillons, des officiers intelligents et actifs qui étudièrent à l'avance, de crainte d'erreur, les routes et chemins conduisant au pont. On décida de réunir les troupes pour se mettre en marche le 8 décembre au soir.

Le 6, Osman pacha se rendit du côté du pont pour inspecter les travaux de défense et pour reconnaître, en même temps, les positions de l'ennemi en avant du

front ouest ; comme tous les préparatifs n'étaient pas
terminés, en rentrant au quartier général, il donna
contre-ordre et ajourna la sortie au 10 décembre.

Le 8 au soir, le Muchir envoya aux commandants
des divisions et des brigades, un ordre général indiquant minutieusement ce qu'ils auraient à faire le
10 décembre, ordre qu'ils devaient à leur tour communiquer, avec explications complémentaires, à tous
leurs officiers supérieurs, notamment aux commandants des bataillons.

§ 2. — ORDRE DU JOUR RENFERMANT LES INSTRUCTIONS
GÉNÉRALES AU SUJET DE LA SORTIE.

L'armée sera répartie en deux divisions comprenant
sept brigades.

La première division, commandée par Tahir pacha
et comprenant les brigades d'Atouf pacha, de Younous
bey, et de Tevfik pacha, marchera en tête de colonne ;
la deuxième, commandée par Adil pacha, sera composée des brigades d'Hussein-Wasfi pacha, de Sadyk
pacha et d'Edhem pacha.

Adil pacha devra se trouver avant sa division, à la
tête du pont, pour diriger le mouvement de ses troupes
et leur indiquer les emplacements à occuper.

Au jour fixé, si le temps le permet, à six heures quarante-cinq minutes du soir, un des bataillons de l'ouvrage d'Ibrahim bey et ceux de l'ouvrage de Tchoroum
se replieront sur l'Ichtyat tabia, où ils se réuniront
avec eeux d'Arab tabia, sous le commandement du lieu-

tenant-colonel Rassim bey. Ils se mettront en mouvement à sept heures un quart et se rendront au quartier
général, où ils formeront la troisième brigade, sous
les ordres de Tevfik pacha. Cette brigade, longeant
les positions occupées au nord par la division d'Adil
pacha, passera près de la ville, sans y entrer, traversera le marché aux bœufs et suivra la chaussée jusqu'au
pont.

Les bataillons d'Inéboli et de Gumuldjina (brigade
d'Atouf pacha) quitteront l'ouvrage d'Ibrahim bey en
même temps que le bataillon de Monastir (brigade de
Tevfik pacha), passeront par l'ouvrage d'Atouf pacha,
s'y réuniront aux troupes qui l'occupent, puis, re-
joints par les bataillons de l'ouvrage d'Omer bey, ils
se rendront tous entre le quartier général et la ville,
à l'endroit où se trouve le parc de l'artillerie, et ils y
attendront les autres bataillons de la brigade.

Les bataillons stationnés entre l'ouvrage d'Omer bey
et le Caïalidéré commenceront à quitter leurs positions à sept heures un quart; ils viendront, au point
susindiqué, pour compléter la brigade d'Atouf pacha,
laquelle se dirigera alors vers le pont, en suivant la
même route que celle de Tevfik pacha. Le bataillon
rédif de Prizrend (3e ban), qui se trouve de ce côté
et qui doit, avec le bataillon rédif de Prizrend (2e ban),
faire partie du 2e régiment de la brigade de Younous
bey, marchera avec la brigade de Tevfik pacha jusqu'au pont, où il rejoindra son régiment.

Les bataillons de la brigade de Younous bey, éche-
lonnés depuis le Caïalidéré jusqu'aux ouvrages de You-

nous bey et de Pertew bey, exécuteront leur mouvement de la manière suivante : les bataillons rédifs de
Prizrend (2ᵉ ban) et de Silistrie (1ᵉʳ ban), quitteront
leurs positions à six heures quarante-cinq minutes du
soir, sous les ordres du lieutenant-colonel Ali bey, ils
prendront en route le bataillon de Sérès et se rendront à l'ouvrage de Baghlar-Bachi. Les bataillons de
garde dans l'ouvrage de Ghazi-Osman pacha ou disséminés dans les embuscades en avant, partiront également à six heures quarante-cinq minutes ; ils se dirigeront vers l'ouvrage de Younous bey, puis rejoindront
à Baghlar-Bachi le régiment d'Ali bey. Les bataillons
qui se trouvent dans l'ouvrage de Younous bey feront
aussi partie du détachement commandé par le lieutenant-colonel Ali bey. Ce dernier quittera l'ouvrage de
Baghlar-Bachi à huit heures quarante-cinq minutes du
soir. En même temps, Younous bey quittera sa redoute
(nᵒ 23) avec le bataillon auxiliaire d'Aïdin ; ils se rendront sans bruit à la tête du pont, en passant derrière
l'ouvrage pentagonal (nᵒ 31).

Quand les trois brigades de Tahir pacha seront toutes
arrivées au pont, celle d'Atouf pacha traversera la
rivière sur le pont jeté en aval du pont de pierres ;
celle de Tevfik pacha et celle de Younous bey passeront par le pont de pierres ; puis la division se formera
en ligne de colonnes, la droite en tête.

Dès que la brigade de Younous bey aura évacué ses
positions, le lieutenant-colonel Pertew bey, qui doit
commander le 1ᵉʳ régiment de la brigade de Saïd bey
(4ᵉ brigade), emmenant avec lui les bataillons rédifs

de Simaw (2e et 3e bans) et de Assi Yozgad, se dirigera vers le pont, où il rejoindra sa brigade. Cette
dernière étant constituée et le convoi ayant traversé
la rivière à la suite de la 1re division, elle franchira
également le Vid sur les deux ponts; quand le convoi
sera en mouvement, elle marchera à 200 ou 250 pas
de son flanc gauche en colonne avec distance, pour le
protéger. Elle se formera en colonnes par le flanc, de
manière à pouvoir se déployer rapidement en bataille,
dans le cas où l'ennemi chercherait à attaquer le
convoi.

Le 2e bataillon du 5e régiment nizamié qui se trouve
dans l'ouvrage 29, quittera la brigade de Younous bey
pour rejoindre la brigade de Saïd bey.

Deux des bataillons de la brigade de Hussein-Wasfi
pacha, sous le commandement du lieutenant-colonel
Hourchid bey, se rassembleront à la chute du jour
dans l'ouvrage pentagonal ainsi que dans les tranchées-
abris des flancs. Les six autres bataillons de la brigade
attendront dans les retranchements élevés à l'ouest,
entre cet ouvrage et la route de Plevna au pont.
Quand le convoi sera tout entier sur la rive gauche
du Vid, ces bataillons abandonnant leurs positions, se
retireront en ordre et par échelons vers le pont.

Des douze canons de cette brigade, six seront mis
en batterie sur les hauteurs et les six autres, placés
dans l'ouvrage au-dessus du pont, afin de protéger, en
même temps, la marche en avant de la 1re division et
la ligne de retraite de leur brigade. Puis ces pièces
traverseront la rivière sur le pont en pierres, pen-

dant que les troupes passeront par le pont jeté en aval.

Deux bataillons de la brigade de Sadyk pacha (2e brigade de la 2e division) iront en avant, le soir même, occuper les tranchées-abris préparées dans la plaine aux abords de la chaussée, tandis que les autres bataillons de cette brigade et quatre bataillons d'Edhem pacha, qui auront quitté la redoute de Bach tabia à six heures quarante-cinq minutes, descendront, par échelons, jusqu'au pied de la colline de Janik-Baïr, vers le débouché de la vallée de Boukova dans celle de la Grivitza. Les bataillons de Sadyk pacha passeront derrière le moulin de la plaine; trois d'entre eux seront établis dans les tranchées-abris creusées entre l'ouvrage pentagonal et la chaussée; les canons seront placés derrière les épaulements de batterie élevés d'avance sur ce point. Trois autres bataillons de la même brigade, avec trois pièces de campagne, resteront en réserve à proximité du pont, pendant le passage de la 1re division et du convoi, savoir : deux bataillons dans des positions choisies sur la rive gauche du Vid et un autre au-dessus du pont, près des pièces; ils devront protéger la marche de la brigade d'Hussein-Wasfi pacha et celle de leur propre brigade.

Quand la brigade d'Hussein-Wasfi pacha sera près d'arriver aux points de passage, les bataillons de Sadik pacha, laissés en arrière dans les tranchées-abris, se formeront rapidement, par compagnies, en colonnes par échelons et prendront le chemin le plus court pour rejoindre leur division.

Des quatre bataillons d'Edhem pacha qui doivent

marcher avec la brigade de Sadyk pacha, l'un
partira, dans la soirée, avec les deux bataillons de
ladite brigade, pour occuper les tranchées-abris qui
défendent le débouché de la vallée de Boukova; les
trois autres bataillons se dirigeront ensemble vers les
passages de la rivière du Vid, qu'ils franchiront avec
leurs six pièces de campagne, et ils s'établiront sur
la rive gauche pour protéger la marche du 2ᵉ régiment
de leur brigade, qui descendra des hauteurs d'Opanetz;
quand ce régiment, à son tour, aura traversé la rivière,
ils se joindront à lui et se formeront en colonne avec
distance, pour protéger, en cas de besoin, le flanc droit
du convoi.

Organisation et mise en marche du convoi.

40 caisses de cartouches, chargées sur des chevaux
de bât, devront accompagner chaque bataillon; les
munitions de chaque batterie seront également por-
tées par les animaux de bât désignés. Le reste des
cartouches, soit 130 caisses par bataillon, ainsi que
les tentes et effets divers, seront chargés sur les voitures ou chevaux de bât et, envoyés un jour d'avance
dans les environs du pont, à l'abri du feu de l'ennemi.

Dès que la 1ʳᵉ division aura franchi la rivière, le
convoi se mettra en marche. Les voitures et les chevaux devront être, par conséquent, rassemblés d'avance
à proximité du pont; ils seront classés de telle sorte
qu'on puisse les faire passer successivement et dans
l'ordre ci-après : les chevaux de bât porteurs des munitions des trois brigades de la 1ʳᵉ division; les voi-

tures chargées des munitions de réserve de l'infanterie et de l'artillerie, des tentes et autres effets; celles de la population musulmane émigrante (1); celles chargées des munitions, tentes et bagages de la 2e division; enfin les chevaux de bât portant les munitions de réserve des brigades de cette division.

Le convoi devra hâter son mouvement de manière à être transporté sur l'autre rive avant le jour; il suivra ensuite la 1re division à une distance de 1,500 pas environ.

Les voitures du convoi seront réparties en huit sec-

---

(1) Les musulmans de Plevna, dès qu'ils eurent connaissance du projet de sortie, supplièrent le Maréchal de ne pas les laisser derrière lui. Ils ne voulaient pas, disaient-ils dans une longue supplique, rester exposés à la colère de l'ennemi et à la haine des Bulgares.

Osman pacha chercha d'abord à les dissuader; il leur dit qu'il laisserait à Plevna un nombre suffisant d'officiers et d'employés pour veiller sur eux, comme sur les malades et les blessés; qu'il les recommanderait aux notables bulgares; ajoutant qu'ils ne devaient rien craindre d'une armée civilisée; que l'Empereur de Russie, connu pour son humanité et sa bonté, se trouvait en personne à la tête de l'armée, et qu'il saurait empêcher qu'on les molestât. Le Maréchal chercha à leur faire comprendre que la retraite serait longue et difficile, plus meurtrière qu'une bataille et que leurs femmes et leurs enfants se trouvaient exposés à périr. Tous ces raisonnements furent inutiles. Les habitants, sans vouloir écouter le Muchir, lui répétèrent qu'ils quitteraient Plevna et suivraient l'armée. Ils étaient environ trois cents familles. Osman pacha consentit, bien malgré lui, à leur émigration; il leur permit de se placer à la queue du convoi, quand celui-ci aurait dépassé les points que l'armée occupait alors à l'abri du feu de l'ennemi, du côté du pont.

Pendant la retraite, ces familles retardèrent beaucoup la marche des troupes et leur présence fut une des principales causes d'insuccès. Après la capitulation, comme pendant la sortie, les musulmans de Plevna eurent beaucoup à souffrir.

tions; la brigade de Saïd bey, affectée à l'escorte du convoi, se composant de neuf bataillons, y compris le bataillon auxiliaire d'Aïdin, chacune des huit compagnies de ce dernier bataillon sera attachée à une des sections du convoi. Les hommes de ces compagnies devront faire marcher les voitures avec ensemble, faire sortir immédiatement de la route celles qui viendraient à se briser, et répartir leur charge, sans retarder la marche, sur les voitures en meilleur état. On veillera tout particulièrement à la stricte observation de ces mesures d'ordre qui, seules, permettront d'éviter les retards; les officiers supérieurs en seront personnellement responsables. Le convoi, au lieu de suivre la chaussée, marchera à droite et à gauche, sur dix à quinze voitures de front; on veillera à ce que les voitures se suivent, dans les champs, en files régulières.

Les vingt chevaux de bât qui doivent accompagner chaque bataillon, et ceux chargés des munitions d'artillerie, seront disposés dans l'ordre correspondant à la place que ces bataillons et ces batteries occupent dans la colonne et ils marcheront à la gauche de leurs brigades respectives. Trois escadrons de la cavalerie auxiliaire de Salonique rempliront le rôle de flanqueurs; ils marcheront en tirailleurs, à droite et à gauche du convoi, à une distance de 100 à 400 pas, suivant la nature du terrain. Dans le cas où l'ennemi viendrait à attaquer le convoi en avant ou en arrière, la brigade chargée de sa défense détachera immédiatement contre les assaillants un effectif de troupes suffisant pour les repousser ou tout au moins les contenir;

le convoi, au lieu de s'arrêter, devra s'efforcer de gagner toujours du terrain en avant.

Le convoi se composant d'environ 1,000 voitures et 3,300 chevaux de bât, il importe de prévenir tout désordre au passage de la rivière ; à cet effet, un major énergique et intelligent, choisi dans la brigade d'escorte, sera chargé de veiller à ce que le convoi traverse le pont avec ordre et sans précipitation.

Au moment du départ, aussi bien que pendant la marche, les soldats resteront à leur rang qu'ils ne quitteront sous aucun prétexte. Tous les officiers, sans distinction de grade, veilleront à la stricte exécution de ces prescriptions ; ceux qui auront été la cause d'un désordre ou d'un retard quelconque, en seront rendus responsables, et sévèrement punis.

Le 2e régiment de cavalerie de la IIIe armée et les deux escadrons du régiment des Cosaques ottomans marcheront avec la 1re division ; cinq escadrons du régiment auxiliaire de Salonique et les quatre escadrons du 3e régiment de cavalerie de la IIe armée, avec la 2° division.

Les brigades de Sadyk pacha et de Hussein-Wasfi pacha, avec l'escadron de cavalerie volontaire de Vodena suivront, à 800 ou 1,000 pas de la queue du convoi. Elles auront pour mission de repousser les attaques de l'ennemi et de couvrir la retraite.

Signé : Ghazi-Osman.

Plevna, le 7 décembre 1877.

Le Maréchal ne se faisait guère d'illusions ; il ne comptait pas que la sortie réussirait ; mais il aimait mieux tenter un suprème effort et succomber les armes à la main, plutôt que de capituler sans avoir eu recours à une dernière chance de salut, si problématique qu'elle pût être. Osman pacha voulait, en cas de réussite, atteindre rapidement l'Isker et franchir cette rivière pour s'en faire un rempart contre l'ennemi ; puis se diriger par Kutlovitsa sur Berkofdscha et la passe de Dorouk, gagner Sophia et opérer sa jonction avec les armées chargées de la défense des Balkans occidentaux.

§ 3. — EXÉCUTION DE LA SORTIE.

Le 9 décembre, conformément aux instructions reçues, chaque bataillon envoya ses munitions de réserve et ses bagages du côté du pont. La perspective du départ avait complètement relevé le moral des soldats ; pleins de confiance et de joie à l'idée de forcer les lignes d'investissement, ils semblaient avoir perdu la notion exacte de la position critique de l'armée et des difficultés de l'entreprise.

Pendant les derniers jours, on guettait avec plus d'attention que jamais du côté d'Orkhanié, espérant encore voir arriver des secours. Le 9 décembre, vers deux heures et demie de l'après-midi, au moment où l'on allait commencer le mouvement de retraite, il se produisit un incident qui faillit tout retarder. Les hommes en vigie dans l'ouvrage de Pertew bey et ceux qui étaient postés à la tête du pont, aperçurent, dans la direction des collines de Loukovik, une épaisse fumée s'élevant par intervalles. On prévint Tahir pacha, qui signala ce fait par dépêche au Muchir. La nouvelle se répandit bientôt, et, dans le camp de Plevna, tous les yeux étaient fixés vers le côté de l'horizon où l'on s'attendait à voir apparaître l'armée libératrice. Osman pacha, partageant cette illusion, pria Tahir pacha de lui donner des détails aussi précis que possible; on regrettait déjà qu'il restât si peu de temps, jusqu'au moment fixé pour la retraite. Des officiers supérieurs furent envoyés aux renseignements dans l'ouvrage de Pertew bey; ils revinrent en disant à Tahir pacha que cette fumée provenait d'une ruse de l'ennemi, ou d'un accident; on ne put pas en informer Osman pacha; le Muchir, décidé à ne pas attendre davantage, et voulant hâter le mouvement ordonné, avait déjà fait couper les fils télégraphiques des ouvrages.

La sortie était d'ailleurs l'opération la plus rationnelle; même dans le cas où des troupes de secours auraient marché sur Plevna, il valait mieux aller au-devant d'elles et prendre l'ennemi entre deux feux que de rester, l'arme au pied, dans une position où l'on allait bientôt manquer de tout.

Un épais brouillard tomba sur Plevna dans la nuit du 9 au 10 décembre; la nuit fut noire et humide. Le verglas rendait la marche très pénible; les bataillons conduits par Tahir pacha et Younous bey éprouvèrent mille difficultés à parvenir jusqu'au point 31; à partir de là, comme on marchait dans des vallons complètement défilés aux vues de l'ennemi, on alluma des feux pour se guider et reconnaître la route. La concentration s'effectua sans incident fâcheux. Une armée de 40,000 hommes, qui occupait quelques heures plus tôt une zone de terrain d'une étendue de quatre à cinq lieues, vint se rassembler, avec ses voitures et ses chevaux de bât, dans un étroit espace où s'agglomérait à sa suite toute la population musulmane de Plevna. On frémit en pensant à l'horrible boucherie dont ces lieux auraient été le théâtre si, comme ils le faisaient parfois, les Russes avaient pris les environs du pont pour objectif de leur tir de nuit.

Conformément à l'ordre de marche, les troupes franchirent le Vid pendant la nuit, sur les deux ponts. Vers cinq heures du matin, la 1re division était tout entière sur la rive gauche ; elle se déploya, à cent pas de distance de la rivière, sur une seule ligne, les deux premiers bataillons de chaque régiment en bataille et les deux autres, à vingt ou vingt-cinq pas en arrière, en colonne double.

Pendant ce temps, le convoi commençait à passer la rivière ; mais lorsque le jour se leva, la moitié tout au plus des voitures avait pris pied sur la rive opposée, et, d'autre part, le déploiement des troupes en bataille ne fut complètement terminé que vers neuf heures un quart. A ce moment, l'ennemi ouvrit le feu de ses batteries du côté du Petit-Doubniak, contre l'aile gauche de l'armée ; le combat s'engageait.

Osman pacha vint se placer à la tête de la brigade du centre, pour pouvoir diriger l'ensemble des opérations. Précédé par une ligne de tirailleurs, il porta rapidement en avant la 1ʳᵉ division, pendant que les canons de la 2ᵉ, mis en batterie au point 32, sans répondre à la canonnade du Petit-Doubniak, commençaient à tirer contre le véritable objectif de l'attaque, c'est-à-dire contre les ouvrages ennemis situés en avant du centre et de l'aile gauche de la ligne de bataille; ceux-ci ripostèrent aussitôt. Il était environ dix heures du matin.

L'ennemi dirigea contre les troupes ottomanes toutes les pièces de ces ouvrages; mais celles-ci continuèrent à marcher avec entrain en répétant la prière : « Allah Akber ! Allah Akber ! » (Dieu est grand). Au bout de quelques instants, elles avaient franchi une distance de 1,500 pas; très éprouvées par le feu rapproché des Russes, elles s'arrêtèrent alors un peu hésitantes; Osman pacha fit renforcer la chaîne de tirailleurs, et la division reprit aussitôt sa marche en avant.

Une grêle de projectiles de toute nature ne cessait de pleuvoir sur les troupes et le convoi; des caissons éclataient, tuant et blessant chevaux et conducteurs, jetant le désordre dans la colonne et ouvrant de larges trouées dans les rangs de l'infanterie; néanmoins les Turcs avançaient toujours.

Bientôt, ils atteignent les points les plus rapprochés de la ligne d'investissement, en face de la brigade du centre et de l'aile droite de la 3ᵉ brigade, s'élancent au pas de charge dans les premières tranchées, en criant : Allah ! Allah ! tombent comme la foudre sur les soldats russes, les culbutent, les tuent et, sans s'arrêter, courent enlever les ouvrages situés en arrière, dont ils chassent les défenseurs.

Dans cet assaut, le 2e bataillon des rédifs de Monastir et le 5e chasseurs, appartenant tous deux à la 3e brigade, furent littéralement fauchés par les feux de salve de l'ennemi.

L'attaque fut si prompte et si impétueuse que les artilleurs russes n'eurent pas le temps de faire venir leurs chevaux d'attelage, ni même d'atteler les chevaux qu'ils avaient sous la main; ils durent se rendre à merci.

La 1re division avait percé la ligne de défense de l'ennemi ; elle avait pris trois grands ouvrages et onze canons; mais un nouvel obstacle se dressait devant elle ; à mille pas en arrière, on découvrit une seconde ligne de défense, en partie occupée par les Russes devant la brigade du centre, et se prolongeant, en face de l'aile gauche, dans la direction du Petit-Doubniak.

Il était impossible de se maintenir sur la première ligne, avant de s'être rendu maître de la seconde, car les retranchements ennemis étaient ouverts à la gorge ; les soldats turcs ne pouvaient s'y mettre à couvert qu'en se couchant sur le talus extérieur.

Quatre bataillons de la brigade de Younous bey reçurent l'ordre d'attaquer cette seconde ligne, et, se portant immédiatement en avant, ils réussirent à s'emparer de l'ouvrage Y, opposé au centre de la 1re division. La cavalerie et l'infanterie russes, chassées des ouvrages de la première ligne et renforcées par des troupes fraîches, se reformèrent en avant et sur la droite.

Les batteries des retranchements situés entre Doub-niak et le point Y, couvraient de shrapnels toute la première ligne et les ouvrages de la seconde dont les Turcs s'étaient emparés. Il fallait pour en finir, se porter, de suite, à l'assaut de ces batteries; mais la faiblesse des effectifs, la dispersion des troupes et le manque d'artillerie ne permirent pas d'entreprendre cette attaque. On tâcha seulement de se maintenir sur les positions conquises jusqu'à l'arrivée de la 2e division. Le commandant de la 1re brigade, Atouf pacha, se rendit auprès de Younous bey pour le presser de conserver, coûte que coûte, les retranchements du point Y et de faire cesser le feu de l'ouvrage U, enfin pour voir avec lui s'il ne serait pas possible de donner l'assaut à cet ouvrage. Comme on n'avait pas de canons, Atouf pacha se rendit auprès du Muchir pour lui en demander; mais en route il aperçut, vers le nord, des troupes roumaines prêtes à attaquer sa brigade, dont il avait confié le commandement au lieutenant-colonel Abdoullah bey. Renonçant à son projet, il rejoignit ses soldats. Au même instant Younous bey fut blessé.

Pendant qu'un détachement de cavalerie russe, se glissant à travers les champs de maïs, tournait l'ouvrage Y, par la droite, du côté de Nétropol, des troupes d'infanterie attaquèrent la gorge de cet ouvrage. Les Turcs abandonnant les talus extérieurs, se portèrent à leur rencontre; un groupe d'une trentaine d'hommes, couchés sur la droite de l'ouvrage à l'abri des projectiles qui venaient du côté gauche, tirait sur la cavalerie. Les Russes battirent en retraite; mais les shrapnels lancés par les batteries du sud décimaient les soldats turcs et rendaient l'ouvrage Y vraiment intenable. Vainement les batteries de la brigade de Tevfik pacha (3ᵉ brigade) installées derrière la première ligne essayèrent-elles d'imposer silence à l'artillerie russe; elles ne réussirent même pas à ralentir son feu.

Tevfik pacha ne pouvait malheureusement pas reprendre l'offensive, avant d'avoir reçu un renfort de troupes fraîches; deux des bataillons de sa brigade avaient été complètement détruits au début de l'attaque et les six autres étaient immobilisés pour la défense des retranchements conquis; d'autre part, aucune des autres brigades, occupées à combattre l'ennemi qu'elles avaient devant elles, ne pouvait venir au secours des brigades voisines, et la 2ᵉ division n'arrivait pas!

Un détachement russe comprenant six bataillons, une batterie et un grand nombre de cavaliers, accourait en hâte de Ternina; à l'aile droite, un fort détachement roumain était venu renforcer les troupes qui attaquaient la première brigade; enfin les Russes, sortant de l'ouvrage U, tentaient assaut sur assaut contre l'ouvrage Y.

Du côté des Turcs, deux bataillons de la 2ᵉ division débouchèrent enfin en arrière de l'aile droite, et ils engagèrent immédiatement la lutte contre l'ennemi; le bataillon auxiliaire d'Aïdin de la brigade d'escorte du convoi vint également au secours de la 2ᵉ et de la 3ᵉ brigades; mais ces renforts ne pouvaient suffire.

La 3ᵉ brigade résistait vaillamment aux attaques dirigées contre son front et son aile droite; en revanche, autour de l'ouvrage Y, les troupes de la 2ᵉ brigade commençaient à faiblir sous la pluie de balles et de boulets dont elles étaient criblées. Les nombreux cadavres, le sang qui trempait le sol, transformaient l'intérieur et les approches de l'ouvrage en une hideuse boucherie; les deux tiers des officiers étaient hors de combat, et comme on ne voyait aucun secours arriver, les rares survivants se demandaient si le moment de battre en retraite n'était pas arrivé. Enfin, l'ennemi recevant à chaque instant de nouveaux renforts, les Turcs, pour ne pas être obligés de mettre bas les armes, se décidèrent à évacuer l'ouvrage et se replièrent sur la première ligne de défense, qui d'ailleurs ne tarda pas à être sérieusement compromise.

Les troupes russes pressaient de plus en plus l'aile gauche; l'aile droite, accablée par des forces supérieures, commençait à plier. Les femmes, les enfants des musulmans de Plevna groupés derrière le convoi, terrifiés par ce spectacle et exposés, eux aussi, aux projectiles de l'ennemi se mirent à pousser des cris déchirants, qui troublaient le moral du soldat et tendaient à jeter la panique.

Une partie des officiers avaient été tués, beaucoup étaient blessés; ceux qui restaient déployaient, pour ramener leurs soldats au combat, une énergie surhumaine. Ils étaient soutenus et encouragés par Osman pacha, qui, le sabre à la main, restait impassible au milieu de ce désastre et conservait son admirable sang-froid. Par malheur un éclat d'obus le blessa grièvement à la jambe.

Les soldats, ne voyant plus le Muchir, perdirent cou-

rage, se mirent à reculer et bientôt la retraite se changea en une déroute complète.

Qu'était devenue pendant ce temps la 2ᵉ division?

Jusqu'à la mise en marche de la 1ʳᵉ division, c'est-à-
dire jusqu'à sept heures du soir, l'ennemi avait continué, comme les jours précédents, à canonner l'ouvrage
d'Ibrahim bey et la redoute de Grivitza; peu après,
informé sans doute du mouvement de retraite, il cessa
le feu et lança des fusées d'avis de tous côtés. Des tirailleurs vinrent occuper l'ouvrage d'Ibrahim bey, puis
continuèrent à se porter en avant; d'autres troupes s'emparèrent de la redoute de Grivitza et s'avancèrent en
suivant la crête du Janik-Baïr jusqu'au village de Boukova.

La 2ᵉ brigade de la 2ᵉ division était établie dans les
tranchées-abris creusées depuis l'ouvrage 31 jusqu'au
vallon de Boukova, de sorte que les troupes ennemies
rencontrèrent les bataillons de la brigade au débouché
du vallon; on envoya des renforts qui, par leurs feux
habilement dirigés et grâce à l'appui des batteries,
purent arrêter l'ennemi.

Le 2ᵉ régiment de la brigade d'Edhem pacha sur les
collines d'Opanetz, avait pour mission de protéger les
derrières de l'aile droite de la 2ᵉ division; à cet effet,
son commandant, le lieutenant-colonel Kiazim bey,
devait envoyer deux bataillons sur la rive gauche du
Vid, lorsque trois cents voitures du convoi auraient déjà
passé la rivière; deux autres bataillons, détachés de la
brigade d'escorte, devaient se porter à leur secours,
s'ils étaient sérieusement attaqués.

Au moment prescrit, un peu avant l'aube, Kiazim bey fit partir ses deux bataillons avec trois canons. Ils franchirent le Vid sur le pont volant établi au bas des collines d'Opanetz, et se formèrent en colonne par le flanc, pour se dérober à la vue de l'ennemi, tout en se ménageant la possibilité de faire front par un à-droite, dans le cas où le flanc droit de l'armée ottomane serait menacé. Ces bataillons suivirent le mouvement de la 1re division; ils se déployèrent en bataille, quand les Russes apparurent sur la droite, et soutinrent avec avantage un combat d'artillerie et d'infanterie, bien que la brigade d'escorte du convoi ne leur eût envoyé aucun secours. Le bataillon de Zafranboli se distingua particulièrement dans cette affaire, il éprouva des pertes tellement considérables, qu'il ne lui resta que 150 hommes valides sur un effectif de 600 hommes. Ces deux bataillons ne reculèrent pas avant l'évacuation des lignes russes par la 1re brigade de la 1re division et le mouvement général de retraite sur le Vid; ils repassèrent alors sur la rive droite.

Edhem pacha gardait, avec quatre bataillons, les ouvrages des collines d'Opanetz. L'ennemi s'étant présenté avec des forces imposantes, les troupes détachées dans le plus petit et le plus avancé des ouvrages se replièrent sur l'ouvrage principal, où se trouvaient les pièces d'artillerie. La lutte se prolongea bien après la retraite de la 1re division; à la fin, trompé par les Roumains, qui lui annoncèrent que l'armée avait capitulé, Edhem pacha se rendit, enlevant par le fait à Osman pacha les dernières chances d'une capitulation avec conditions.

Les troupes de la brigade d'Hussein pacha qui occupaient les ouvrages dominant la vallée de Ternina continrent l'ennemi et résistèrent vaillamment à ses attaques; elles attendirent sur leurs positions qu'on leur eût envoyé l'ordre de se rendre.

La 1re division repassa sur la rive droite du Vid; Osman pacha blessé avait été transporté près du pont dans la baraque de la Quarantaine, située sur la route conduisant à Plevna.

Dès le commencement de la retraite, les Russes réoccupèrent les ouvrages qu'ils avaient évacués, y installèrent leurs batteries et firent pleuvoir une grêle de projectiles sur les troupes et le convoi, tandis que leur infanterie, débouchant par les deux ailes, se portait en avant et ouvrait le feu. L'armée turque se trouvait dans une situation des plus critiques, quand le lieutenant-colonel Pertew bey, de la brigade d'escorte, déployant rapidement en bataille le 5e régiment nizamié de la IIe armée qu'il commandait, se jeta entre les Russes et les corps en retraite vers les ponts; il contint l'ennemi par un brillant et sanglant combat, dans lequel il perdit un grand nombre d'officiers et de soldats.

Le général en chef Ghazi-Osman pacha, le colonel Younous bey, les lieutenants-colonels Rassim bey, Eyoub bey; les commandants Ibrahim effendi, Youssouf agha, Riza bey, Samih effendi furent blessés; le colonel Véli-Riza bey, de l'état-major, les lieutenants-colonels Raïf bey et Abdoullah bey, les commandants Cadri bey,

Hadji-Akif effendi et Essad effendi, furent tués dans cette sanglante bataille qui devait être la suprême tentative de résistance des défenseurs de Plevna.

§ 4. — LA CAPITULATION ET SES CONSÉQUENCES.

Le désordre était trop grand pour qu'on pût tenter un nouveau mouvement offensif, les commandants des divisions et des brigades déclaraient tous que la continuation de la lutte était désormais impossible; le Muchir, les larmes aux yeux, donna l'ordre de cesser le feu et de hisser un drapeau blanc au-dessus de la baraque dans laquelle il se trouvait.

Il envoya, dans la direction de Doubniak, des officiers d'état-major et des aides de camp porteurs de fanions blancs, demander une capitulation avec conditions. Mais les Russes, maîtres de la situation, ne voulurent accorder qu'une capitulation pure et simple et ils s'avancèrent rapidement de tous côtés. Quoique les troupes ottomanes eussent cessé le feu, ils continuèrent, pendant plus d'une demi-heure, à diriger, des ouvrages en avant du Petit-Doubniak, une violente canonnade sur les passages de la rivière et sur les points où étaient entassés les malheureux émigrants avec les voitures du convoi. Ils oublièrent dans cette circonstance que, même en temps de guerre, une nation civilisée ne doit jamais fouler aux pieds les lois sacrées de l'humanité.

Les troupes de la 2ᵉ division qui gardaient les ouvrages situés au-dessus de Ternina et de la plaine du Vid auraient pu lutter encore pendant quelque temps;

mais elles étaient complètement démoralisées et prêtes à mettre bas les armes.

La bataille dura cinq heures; malgré la supériorité numérique de leurs adversaires et les ouvrages de fortification qui leur étaient opposés, les troupes ottomanes avaient eu d'abord l'avantage et elles avaient infligé des pertes énormes à l'ennemi; malheureusement, bien des causes s'opposaient à la réussite finale de cette sortie.

Tout d'abord les voitures chargées de munitions et d'effets militaires, celles des émigrants ainsi que les chevaux de bât occupaient trop de place sur le champ de bataille; elles gênaient beaucoup le mouvement des troupes, et c'est à cet encombrement qu'il faut attribuer le retard mis par la 2ᵉ division à renforcer la première.

En second lieu, le convoi mit plus de temps qu'on ne l'avait prévu à franchir la rivière.

Enfin les soldats étaient beaucoup trop chargés. Ils portaient chacun six jours de vivres et douze à vingt paquets de cartouches en sus du chiffre réglementaire, ce qui leur imposait un supplément d'environ 30 kilogrammes. Cette lourde charge ralentissait leur marche; or ils eurent à traverser une plaine de quatre kilomètres, sous le feu des ouvrages les plus fortement armés de la ligne d'investissement.

L'ennemi avait un effectif quatre à cinq fois supérieur à celui des Turcs et il disposait de 558 pièces, dont 58 de position. Prévenu la veille au soir, il avait eu toute la nuit pour concentrer ses troupes sur la rive gauche du Vid. Dans ces conditions, il devait finalement remporter la victoire.

La retraite s'acheva dans un désordre indescriptible, accompagné des scènes les plus navrantes.

Les Turcs avaient cessé le feu ; mais, comme nous l'avons dit, les Russes continuaient impitoyablement à tirer. Les projectiles de l'artillerie et les feux de salves de l'infanterie faisaient d'effroyables ravages dans cette foule compacte de soldats, de paysans, de femmes et d'enfants, qui se pressaient confusément sur les bords de la rivière et s'entassaient au passage des ponts. Les médecins perdaient la tête au milieu des innombrables blessés, et ne savaient à qui porter les premiers secours. Les cosaques, chargeant dans la plaine, lardaient de coups de lance les soldats en fuite. Les eaux du Vid étaient rouges de sang.

Cette boucherie dura plus d'une demi-heure.

Quand le feu eut complètement cessé, les Russes et les Roumains arrivèrent. Ils dépouillèrent les soldats turcs désarmés et leur prirent même les biscuits qu'ils étaient en train de dévorer. Ceux qui essayaient de résister étaient tués sans autre forme de procès, nous pouvons citer comme exemple le sous-officier qui avait été préposé à la garde des effets d'Osman pacha.

Quelques généraux russes se rendirent auprès du Muchir ; on le mit dans une voiture, et on le transporta à Plevna. En route, Osman pacha rencontra le grand-duc Nicolas et le prince Charles de Roumanie ; sur son passage, les soldats russes, par ordre de leurs chefs, rendaient les honneurs militaires. Arrivé dans la ville, il fut reçu par l'empereur Alexandre, qui lui fit un gracieux accueil et lui rendit son sabre. Les généraux russes demandèrent à lui être présentés et ils manifestèrent hautement leur admiration pour sa belle défense.

Le Muchir fut conduit ensuite au quartier général du grand-duc, près de Bogot; il y passa quelques jours sous la tente, soigné par son médecin Hassib bey, puis fut envoyé, par Sistovo, en Russie, où il fut interné à Charkow.

On rassembla les soldats turcs avec leurs officiers dans la plaine du Vid, en vue d'organiser, disait-on, les convois à envoyer en Roumanie. Un premier détachement de prisonniers fut, en effet, conduit à une distance d'une heure au delà de Grivitza; mais après l'avoir fait bivouaquer pendant deux jours en plein air, on le ramena dans la plaine du Vid. Les soldats, presque nus et sans abris, ne recevaient pas de rations; quand ils demandaient des vivres, on leur répondait que, d'après le témoignage de leurs propres chefs, ils avaient emporté six jours de biscuit avec eux; on oubliait qu'ils en avaient été dépouillés le soir même de la bataille.

Jusqu'au quatrième jour, deux généraux de brigade, quelques officiers supérieurs et 10,000 hommes seulement, furent dirigés vers la Roumanie; le reste des troupes commença à quitter Plevna le huitième jour. On ne distribua quelques rations de vivres que le septième jour, et encore ce jour-là n'amena-t-on que trois voitures chargées de pain, pour nourrir une vingtaine de mille hommes. Les soldats, affamés, s'en arrachaient les morceaux. Des marchands, Russes ou Bulgares, venaient deux fois par jour, dans le camp, vendre des denrées. Ils offraient 700 grammes de pain pour 4 francs, 150 grammes de fromage pour le même prix; une bouteille d'affreuse eau-de-vie pour 23 francs (une livre turque).

Le bois provenant de la démolition des voitures était vendu à raison de 4 francs le morceau. Il était interdit aux soldats d'aller puiser de l'eau dans la rivière, qui coulait à quelques mètres plus bas. Ils en étaient réduits à boire l'eau fangeuse et malsaine laissée par la pluie dans les dépressions de terrain.

Quelques officiers russes, plus humains, emmenèrent des officiers turcs dans leur baraque et leur offrirent du thé et des cigares. Mais ce fut l'exception. Presque tous les officiers turcs furent dépouillés, par les soldats de garde, de l'argent et des objets de valeur qu'ils portaient sur eux. Le général Sadik pacha se vit enlever soixante pièces d'or; un colonel, sa montre et ses bijoux; ils étaient sous la garde des Roumains. Celui qui pouvait donner un peu d'argent hâtait son départ de ce séjour de misère et de désespoir.

On répartit les blessés dans les villages, sans leur donner aucun soin; après la capitulation, les Russes enlevèrent aux médecins turcs le peu de médicaments qu'ils possédaient encore.

L'armée de Plevna comptait environ 40,000 soldats au jour de la sortie; elle en perdit 2,500 par le feu pendant la bataille; mais, après la capitulation, 8,000 hommes périrent par le froid, la faim et les mauvais traitements dans la plaine du Vid. C'est à peine si 25,000 soldats de cette belle armée, que l'histoire appellera l'armée d'Osman pacha, furent emmenés au delà du Danube.

Les Bulgares de Plevna se conduisirent en véritables barbares à l'égard des malades et des blessés turcs restés dans la ville. Ces misérables, qui, malgré leurs trahisons réitérées, n'avaient jamais été inquiétés, eurent la lâcheté d'égorger des hommes sans défense, puis ils allèrent saccager et piller les maisons musulmanes, dont ils massacrèrent les habitants sous les yeux des officiers russes; et pourtant ils avaient juré solennellement, eux et leurs prêtres, de respecter les malades et les blessés, et de traiter avec humanité leurs concitoyens musulmans.

On voit ce que vaut la parole du Bulgare !

---

(1) Voir annexe n° 13.

ANNEXES ET TABLEAUX

NOTE N° 1

LISTE DES PRINCIPAUX OUVRAGES PUBLIÉS
SUR LA GUERRE D'ORIENT, 1877-1878.

I. *Guerre d'Orient, Russes et Turcs*, publié par la Société anonyme des publications périodiques, 1878, 2 volumes en langue française.

II. *Histoire de la guerre d'Orient*, par AMÉDÉE LEFAURE, 1878, 2 volumes en langue française.

III. *Guerre d'Orient*, par un tacticien, 1879, 12 fascicules en langue française.

IV. *Guerre d'Orient*, par le colonel LECOMTE, de l'armée suisse, 1878, 2 volumes en langue française.

V. *Coup d'œil tactique*, critique sur la guerre turco-russe en 1877-1878 par le général KOUROPATKINE, chef d'état-major du général Skobeleff pendant le siège de Plevna (1886-1887), en langue russe, traduit en langue allemande.

NOTE N° 2

Au commencement de la guerre 1877-78, l'armée turque, abstraction faite des garnisons de l'Arabie, de l'île de Crète et de la Tripolitaine, ainsi que des troupes d'artillerie et du génie dépendant de la grande maîtrise d'artillerie, était divisée en six corps.

La durée totale du service militaire était de vingt années, dont six dans les classes nizamiés (armée active et réserve), six dans les classes rédifs (landwehr), divisées en trois bans de deux années chaque (mokaddem, premier; tali, deuxième; salissé, troisième ban), et huit dans les moustahfiz, ou armée territoriale.

Les trois premières armées mobilisèrent leurs classes nizamiés, rédifs et moustahfiz; la quatrième et la cinquième, leurs classes nizamiés et rédifs, et une partie des moustahfiz; la sixième, seulement les classes nizamiés et une partie des rédifs.

Chaque armée comprenait :

1° Un corps d'armée nizamié, composé de 6 bataillons de chasseurs, 6 régiments d'infanterie de ligne à quatre bataillons, 4 régiments de cavalerie à six escadrons, 1 régiment d'artillerie de campagne à 14 batteries de six canons, dont neuf montées, trois à cheval et deux de montagne ;

2° 6 régiments d'infanterie de rédifs à quatre bataillons ;

3° Un certain nombre de bataillons moustahfiz, correspondant chacun à un district de bataillon de rédifs et portant le même numéro.

NOTE N° 3

SITUATION DES FORCES OTTOMANES EN BULGARIE JUSQU'A
L'ÉPOQUE DU DÉPART D'OSMAN PACHA DE WIDDIN.

Au moment de la déclaration de guerre, c'est-à-dire le 23 avril, l'armée ottomane qui devait opérer en Europe était loin d'être entièrement mobilisée et concentrée.

Le corps principal se rassemblait à Choumla, sous les ordres du serdar ekrem (généralissime) Abdul-Kérim pacha et du muchir (maréchal) Ahmed-Eyoub pacha ; d'autres corps s'organisaient sur différents points du versant septentrional des Balkans, notamment à Widdin, sous les ordres du muchir Osman pacha ; à Roustchouk, sous les ordres de l'amiral Kaïsserli-Ahmed pacha ; à Silistrie, sous ceux du férik (général de division) Selami pacha ; à Toultcha et dans la Dobroudja, sous ceux du mirliva (général de brigade) d'état-major Ali pacha ; à Varna, sous ceux du férik égyptien Réchid pacha. En outre, des détachements forts de un ou plusieurs bataillons avaient été envoyés en différentes localités du Vilayet (gouvernement provincial) du Danube.

Lorsque les Russes franchirent ce fleuve entre Sim-nitza et Sistovo, le 27 juin, les divers corps d'armée étaient constitués comme il suit :

1° L'armée de Choumla, concentrée autour de cette place forte, comprenait, en sus de la garnison, deux divisions mobiles d'infanterie et une division de cavalerie, soit : 50 bataillons d'infanterie, 31 escadrons de cavalerie régulière, 8 compagnies de zaptiés (gendarmes) à cheval, 13 détachements de cavaliers circassiens et d'auxiliaires irréguliers à cheval et 17 batteries d'artillerie de campagne ;

2° La division de Silistrie, comprenait la garnison de cette place, celle de la place de Tourtoukaï, sur le Danube, et les détachements de la Dobroudja, soit : 32 bataillons d'infanterie, 4 escadrons de cavalerie régulière, 1 batterie de campagne ;

3° Le corps d'armée de Roustchouk comprenait la garnison de la place et les troupes échelonnées sur le Danube, jusqu'au confluent de l'Isker, soit : 30 bataillons d'infanterie, 2 escadrons de cavalerie régulière, 2 batteries de campagne ;

4° Le corps d'armée de Widdin comprenait la garnison de la ville et les troupes échelonnées le long du Danube, depuis l'embouchure de l'Isker jusqu'à la frontière serbe, soit : 44 bataillons d'infanterie, 6 escadrons de cavalerie régulière et 10 batteries de campagne ;

5° La division de Varna, avec les troupes d'Hadji-Oglou-Bazardjik, était composée en grande partie du contingent égyptien ; elle comprenait : 12 bataillons d'infanterie, 2 escadrons de cavalerie et 2 batteries de campagne ;

6° Enfin, les troupes détachées à Tirnovo, dans la passe de la Chipka, à Slatitza et à Sophia, comprenaient ensemble : 42 bataillons d'infanterie, 9 escadrons de cavalerie et 3 batteries de campagne.

L'effectif des bataillons variait entre 600 et 800 hommes ; celui des escadrons de cavalerie régulière, entre 70 et 100 cavaliers ; les batteries avaient six pièces et deux ou trois caissons attelés.

Au moment où Osman pacha se disposait à quitter Widdin, le 9 juillet, un corps d'armée commandé par le muchir Ahmed-Eyoub pacha, campait à Gul-Tchesmè sur la route de Roustchouk à Biéla.

Ce corps d'armée comprenait une division d'infanterie (16 bataillons, 2 escadrons, 3 batteries montées) venue de Choumla sous les ordres du férik Aziz pacha ; une seconde division d'infanterie de trois brigades (18 bataillons, 2 escadrons, 4 batteries), venue de Roustchouk sous les ordres de l'amiral Kaïsserli-Ahmed pacha ; une division de cavalerie (24 escadrons réguliers, 8 compagnies de gendarmes à cheval, 13 détachements de cavaliers circassiens et irréguliers, 3 batteries à cheval), venue de Choumla, sous les ordres du férik Fuad pacha ; soit un effectif d'environ 30,000 hommes, avec 3,500 cavaliers et 60 pièces de campagne Krupp de six et quatre livres.

Si ce corps d'armée avait continué sa marche vers Biéla, il aurait pu, sans nul doute, occuper les magnifiques positions défensives qui se trouvent, en ce point, sur la rive droite de la rivière Yantra, et menacer la gauche de l'armée russe.

Celle-ci prise entre les deux corps d'armée de Plevna et de Biéla, dans une zone étroite de 80 kilomètres de largeur, aurait été obligée de diviser ses forces et d'attaquer l'une des positions occupées par les troupes ottomanes, pendant qu'elle aurait fait observer l'autre. Le raid du général Gourko au delà des Balkans devenait impossible.

L'armée de Biéla était plus forte et mieux organisée que celle de Plevna : si elle avait montré autant d'initiative et d'énergie, les Russes se seraient trouvés dans une situation critique ; car les deux corps ottomans ne devaient pas tarder à recevoir des renforts qui leur étaient envoyés de Sophia.

Mais, pour le malheur de la Turquie, Ahmed-Eyoub pacha reçut l'ordre de rebrousser chemin. L'ambassadeur de Turquie à Vienne avait fait savoir à la Sublime Porte que les Russes préparaient un troisième passage, en aval de Roustchouk, et dans la même dépêche, il avait atténué l'importance de celui de Sistovo.

La division venue de Roustchouk rentra dans cette place ; la division d'Aziz pacha et la cavalerie partirent le 12 juillet pour Rasgrad, où elles arrivèrent le 17 juillet ; on organisa à Rasgrad un corps d'armée de trois divisions d'infanterie, avec des troupes appelées de Choumla et de Tourtoukaï.

NOTE N° 4

RECTIFICATION SOMMAIRE DES PRINCIPALES ERREURS QUI
SE TROUVENT DANS LES OUVRAGES PUBLIÉS SUR LES
ÉVÉNEMENTS DE PLEVNA.

1° Russes et Turcs, LA GUERRE D'ORIENT.

L'auteur avance que la division russe envoyée de Nicopolis vers Plevna, sous les ordres du général Schilder-
Schuldner, se composait de 3 régiments d'infanterie
(9 bataillons), de 6 batteries d'artillerie (48 pièces) et
de 16 escadrons de cavalerie. Il y avait en réalité
12 bataillons et 18 escadrons, ce qui fait un effectif
total d'au moins 13,000 hommes.

Osman pacha n'avait alors que 25 bataillons d'infanterie, 9 batteries et demie d'artillerie et 6 escadrons de
cavalerie ; l'effectif total atteignait à peine 14,000
hommes. Au premier abord, ce chiffre paraît beaucoup trop faible ; aussi est-il nécessaire de donner
quelques détails pour le justifier.

Quand les troupes du corps d'armée de Widdin

furent rassemblées, au commencement de 1876, elles étaient à l'effectif normal de 800 hommes environ par bataillon et de 100 cavaliers par escadron. Elles firent toutes la campagne de Serbie et les pertes occasionnées par les combats et les maladies ne furent pas comblées, de sorte qu'au départ de Widdin, les bataillons comptaient à peine 400 à 500 hommes et les escadrons 60 à 70 cavaliers ; les batteries ne possédaient chacune que deux caissons attelés.

Page 332, *col.* 2 : L'auteur dit que les Russes vinrent se jeter étourdiment contre des forces quintuples, occupant des positions fortifiées à l'avance ; tout est inexact dans cette assertion. Les troupes turques n'avaient qu'un effectif bien peu supérieur à celui de la division russe ; elles étaient arrivées à Plevna le 18 juillet au soir, après sept jours de marches pénibles. Elles furent attaquées le lendemain : il leur était impossible de fortifier en une seule nuit des positions que l'on n'avait pas même eu le temps de reconnaître.

Les bêtes de somme et les voitures des convois n'étaient pas encore arrivées. Les soldats avec leurs baïonnettes et quelques pelles et pioches qu'ils avaient emportées eurent à peine le temps de creuser quelques amorces de tranchées-abris.

Page 334, *col.* 2 : Les deux batteries dont parle l'auteur se réduisent à 4 canons, dont 2 placés au point D, prenaient l'ennemi d'enfilade.

Plus loin, l'auteur dit que pendant l'attaque contre le

point n° 3, le régiment de Vologda et une partie de celui d'Archangel ayant réussi à s'emparer de cette position, entraînés par l'ardeur de la poursuite pénétrèrent jusque dans la ville de Plevna.

En réalité, les Russes ne réussirent même pas à s'emparer de la crête du Janik-Baïr qui se trouvait entre eux et la ville. Après avoir dépassé le poste avancé n° 3 ils furent repoussés par les Turcs ; toutefois leurs troupes s'étant engagées dans la gorge de Boukova, défendue seulement par quelques compagnies, entrèrent dans ce village dont elles furent bientôt chassées. L'auteur a confondu Plevna avec Boukova, et cela s'explique. Quand on se place en effet sur les collines du nord, où le général Schilder avait établi ses batteries, on voit le village et la ville dans la même direction ; quoique séparés par une croupe, ils semblent se toucher, tandis qu'en réalité il y a plus d'une demi-lieue de l'un à l'autre. Si les Russes étaient entrés dans Plevna pendant la bataille, l'armée ottomane aurait été, par le fait, coupée de ses communications et complètement démoralisée.

Page 335, *col.* 1 : L'auteur parle de blessés russes qui auraient été mutilés et massacrés par les Turcs ; il cite divers actes de cruauté. Il joint même à son récit une gravure dans laquelle il représente des irréguliers turcs en train de les commettre. Comme des assertions de ce genre se trouvent presque à chaque page de l'ouvrage, nous les examinerons et nous les réfuterons une fois pour toutes à la fin de notre travail.

26

Page 335, *col.* 2 : L'auteur parle de trois lignes de retranchements successifs, qui n'existaient pas encore à la première bataille de Plevna.

Plus loin, il dit que les généraux turcs ont fait preuve d'incapacité en ne poursuivant pas l'ennemi et il ajoute qu'ils n'ont pas su tirer parti de leur victoire ; il oublie de mentionner la fatigue extrême des soldats, le manque de cavalerie, et l'absence de troupes fraîches, raisons pour lesquelles Osman pacha se trouvait dans l'impossibilité de se procurer le moindre renseignement sur les forces et les positions de ses adversaires.

L'auteur exagère constamment l'effectif des troupes ottomanes qu'il évalue à 40 bataillons soutenus par une forte artillerie, dont 15 canons Krupp de position, tandis qu'en réalité les 58 pièces dont on disposait étaient toutes des pièces de campagne de 6 ou de 4 livres ($0^m,087$, $0^m,075$), à l'exception de 6 canons de montagne de 3 livres ($0^m,075$). D'après cet ouvrage, les forces russes qui auraient pris part à l'attaque ne se seraient élevées qu'à 6,000 hommes ; or les pertes, évaluées à 3,000 hommes et les 1000 cadavres restés sur le champ de bataille sont une preuve évidente que l'effectif des troupes engagées par l'ennemi devait bien se monter à 13,000 hommes, ainsi que l'affirment les autres écrivains qui ont traité le même sujet.

2° Guerre d'Orient, par Amédée LEFAURE.

Page 331 : L'auteur ne porte qu'à 8 ou 10,000

hommes, l'effectif de l'armée d'Osman pacha, chiffre au-dessous de la réalité. Il confond également le village de Boukova avec la ville de Plevna; mais en général, il est plus exact et plus impartial que l'auteur de l'ouvrage précédent.

3° **Guerre d'Orient** par un Tacticien.

L'auteur prétend que les Russes se montrèrent devant Plevna le 19 juillet, à deux heures et demie de l'après-midi, tandis que la canonnade commença vers une heure. Il parle d'une attaque en règle tentée ce jour-là du côté de Grivitza; il n'y eut qu'une charge de cavalerie sans importance.

Page 370 : Il attribue au corps d'armée ottoman un effectif de 25 à 30,000 hommes; évalue ses pertes à 4,000 hommes, tandis qu'il ne porte le chiffre des troupes russes qu'à 10,000 hommes.

Page 373 : Il dit qu'Osman pacha n'avait à sa disposition que des troupes indisciplinées et recrutées à la hâte; le corps d'armée se composait de troupes régulières, nizamiés et rédifs, aguerries par la campagne faite en 1876 contre la Serbie.

Il reproche à Osman pacha d'avoir quitté Widdin trop tard; nous avons exposé les motifs qui l'ont empêché de partir plus tôt, comme il l'avait proposé, d'arriver à temps pour secourir et débloquer Nicopolis, et de se porter ensuite, avec la division qui occupait cette place, contre le flanc droit des Russes ou sur les Balkans occidentaux.

Page 375 : L'auteur dit que Osman pacha avait négligé son aile droite parce qu'il ne s'attendait pas à être attaqué de ce côté; on a vu, dans notre récit, les dispositions qu'il avait prises sur cette aile; la panique qui eut lieu et comment l'ennemi fut repoussé, grâce aux ordres énergiques et aux renforts envoyés par le Muchir, et grâce au feu de la batterie établie au quartier général.

Comme les auteurs précédents, il confond le village de Boukova avec la ville de Plevna. Dans ses considérations tactiques, il réduit les forces russes, exagère celle des Turcs et parle de trois lignes de retranchements qui n'ont jamais existé que dans son imagination.

4° Guerre d'Orient par le colonel Lecomte.

Page 107 : L'auteur parle de nombreuses redoutes, de batteries, de retranchements étagés, organisés d'après les types les plus nouveaux de la fortification; on sait en quoi consistaient les abris creusés à la hâte par les soldats, dans l'espace d'une nuit.

De plus, le corps d'armée n'avait ni officiers, ni sapeurs du génie, ni outils de pionniers; les soldats s'étaient familiarisés avec l'exécution des travaux improvisés dans la guerre contre la Serbie, pendant laquelle leurs adversaires, bien outillés et bien dirigés, ne cessaient pas de remuer la terre. Cette erreur est répétée à la page 109; mais à la page suivante, l'auteur ajoute que l'on n'avait fait qu'ébaucher les travaux. Quoi qu'il en soit, cet ouvrage est encore celui qui est le plus impartial; à cette même page 109, l'auteur constate l'absence d'informations de source turque, il le regrette et il manifeste le désir de voir cette lacune comblée un jour ou l'autre.

NOTE N° 5

RECTIFICATION SOMMAIRE DES PRINCIPALES ERREURS QUI SE TROUVENT DANS LES OUVRAGES PUBLIÉS SUR LES ÉVÉNEMENTS DE PLEVNA.

1° Russes et Turcs, GUERRE D'ORIENT.

Page 341, *col.* 1 : L'auteur exagère la valeur des ouvrages qui constituaient ce qu'il appelle le formidable camp retranché de Plevna.

Les retranchements existant au commencement de la bataille du 30 juillet consistaient en parapets de terres non tassées, précédés de fossés peu profonds, en tranchées-abris pour les avant-postes et en quelques trous de tirailleurs.

Voici du reste la liste exacte des ouvrages, encore inachevés, de fortification passagère qui avaient été entrepris : deux petites redoutes au nord-est du village d'Opanetz ; un épaulement de batterie au point n° 3 ; deux épaulements de batterie au point n° 5 ; au point 6, un redan qui voyait la vallée de la Grivitza et la route de Sistovo, ainsi que le vallon F ; une redoute carrée au point 7, appelée plus tard Bach-tabia ; une redoute carrée au point 8, appelée plus tard Canli-tabia ; un épaulement de batterie au point 9 du quartier général ; un emplacement de batterie au point 10 qui dominait le vallon F ; quelques ébauches de retranchements, aux points 14, 16, et au sud de Plevna, sur la route de Lofdscha.

Page 342, *col.* 1 : L'auteur donne aux troupes turques un effectif de 60,000 hommes et aux Russes un effectif de 32,000 hommes ; plus bas, en indiquant les dispositions prises par ces derniers, il parle de 36 bataillons d'infanterie, 30 escadrons de cavalerie et 180 canons ; c'est un effectif d'au moins 40,000 hommes, car la plupart de ces troupes arrivaient de Russie sans avoir livré encore aucun engagement, et celles qui avaient pris part aux combats des 7 et 8 juillet avaient été renforcées. Les forces russes étaient donc bien supérieures à celles d'Osman pacha qui se composaient de 33 bataillons, 7 escadrons, 58 canons, représentant un effectif d'environ 20,000 hommes.

Page 344, *col.* 1 : La grande redoute dont parle l'auteur n'existait pas : il n'y avait au point 14 que des retranchements inachevés.

Page 345, *col.* 2 : L'auteur se contredit lui-même à propos des massacres qu'il signale à chaque page de son ouvrage : il dit que le village de Radischevo était occupé par des bachi-bouzouks (irréguliers) qui se défendirent bravement et qui furent tous tués ; il ajoute que les Russes, en entrant dans le village, trouvèrent tous les Bulgares, femmes, enfants, sains et saufs. Il faut croire que ces bachi-bouzouks étaient d'une nature spéciale, puisqu'à l'inverse de leurs camarades, ils n'égorgeaient pas les chrétiens, dans un moment aussi critique.

Page 346, *col.* 1 : Aucune batterie turque ne fut réduite au silence, ainsi que l'affirme l'auteur.

Page 346, *col.* 2 : L'auteur prétend que le général Skobeleff aperçut, des hauteurs au-dessus de Krichine, 20,000 hommes d'infanterie turque massés entre Grivitza et Plevna, et, en arrière de la ville, la cavalerie attendant sur la route de Sophia. Nous avons donné l'effectif des forces turques ; nous avons dit qu'elles étaient toutes réparties sur la ligne de défense, sauf que, au début de la bataille, une réserve de 9 bataillons se trouvait au quartier général ; la cavalerie régulière (sept escadrons) comprenant au plus 400 chevaux était répartie sur plusieurs points. Le brouillard qui régnait ce jour-là a dû induire en erreur l'illustre et regretté général.

Page 350, *col.* 1 : L'infanterie turque était armée de fusils système Peabody-Martiny et système Snider ; la cavalerie seule avait des carabines et des mousquetons à répétition système Winchester.

Il est donc faux que l'infanterie se soit servie du fusil

27

Winchester, ainsi que l'avance l'auteur. On a constaté,
du reste, dans tous les combats livrés pendant la campagne 1877-1878, que le fusil Peabody-Martiny était
incomparablement supérieur à tous les autres systèmes
alors en service dans l'armée ottomane. La disproportion reconnue entre les pertes des Russes et celles des
Turcs, même quand ces derniers étaient assaillants,
en fournit la preuve. Quant aux fusils à répétition
système Winchester, on les trouva tellement défectueux que, avant la fin de la guerre, on les retira aux
cavaliers, pour leur substituer des Martiny.

Page 350, *col.* 2 : Le colonel Younous bey opposé au
général Skobeleff n'avait à sa disposition que quatre
bataillons et trois canons ; les premiers étant répartis
par compagnies entre six ou sept positions, il ne lui
restait que sept compagnies pour assurer la défense
de la vallée du Caïalidéré, tandis que l'auteur dit que
le général Skobeleff, avec un bataillon d'infanterie,
quelques escadrons de cavalerie et quatre canons lutta
pendant douze heures contre huit bataillons turcs ;
c'est renverser la proportion. Sans porter atteinte à la
gloire du général Skobeleff, on peut rétablir les faits
et montrer qu'il disposait de forces bien supérieures à
celles des Turcs.

Page 331, *col.* 2 : L'attaque de flanc que redoutaient
les Russes, de la part du colonel Younous bey, était
matériellement impossible ; car cet officier supérieur
n'avait pas une seule compagnie à y employer, et

Osman pacha ne pouvait pas lui envoyer des renforts ; d'un autre côté, les troupes de Younous bey eurent à repousser l'attaque de l'aile gauche de la colonne du général Schakhovski, ainsi que le reconnaît l'auteur lui-même, page 351, col. 2.

Enfin elles étaient chargées de la défense de la vallée du Caïalidéré.

Page 351, *col.* 2 : Aucune troupe ennemie ne pénétra dans la ville de Plevna, et la colonne qui s'engagea dans la vallée du Caïalidéré fut presque anéantie.

Dans leur assaut contre les redoutes au nord de Grivitza, les Russes ne purent s'emparer d'aucune batterie, toutes les pièces étant à l'intérieur des ouvrages ; on n'eut besoin d'envoyer aucun renfort de ce côté ; les abords des redoutes étaient protégés par le feu des batteries du quartier général et des points 5 et 6.

L'auteur parle de réserves inépuisables qui se trouvaient à la disposition d'Osman pacha ; c'est si peu vrai que le Muchir dut, à un certain moment, emprunter des troupes de renfort à la division d'Adil pacha. Pourquoi ne pas avouer franchement qu'il sut profiter de la configuration du terrain, repousser avec sang-froid des attaques décousues et insuffisamment préparées, et tirer le meilleur parti possible du peu de troupes qu'il avait à sa disposition. Les retranchements en avant des redoutes de Grivitza, dont parle l'auteur, consistaient en quelques amorces de tranchées-abris, destinées à abriter la nuit les postes avancés et les sentinelles.

Page 354, *col.* 2 : Nous avons fait connaître en détail les résultats insignifiants de la sortie faite le matin du 31 juillet par les cavaliers circassiens, appuyés de loin par un bataillon et quatre canons. Où l'auteur prend-il ces innombrables bachi-bouzouks, qu'il fait sortir des lignes turques ? Personne ne pouvait franchir les avant-postes ; la présence des nombreux Bulgares qui habitaient Plevna, obligeait à une surveillance des plus sévères.

Page 358, *col.* 1 : L'auteur estime les pertes russes à 169 officiers et 7,136 soldats ; les officiers russes ayant pris part à la bataille les estiment eux-mêmes à près de 10,000 hommes.

Il dit qu'Osman pacha, dans son rapport officiel, évalue les pertes des Turcs à 100 morts et 300 blessés. C'est inexact ; les rapports officiels envoyés au ministère de la guerre à Constantinople mentionnent 1,200 hommes hors de combat. La disproportion entre les pertes des deux armées en présence tient à deux causes : les Russes combattaient à découvert, tandis que les Turcs s'abritaient autant que possible ; de plus, l'armement de ces derniers était supérieur à celui de leurs adversaires.

2° Guerre d'Orient, par Amédée LEFAURE.

Cet ouvrage présente les mêmes exagérations au sujet des retranchements et des effectifs turcs.

Il signale aussi l'existence de troupes de renfort qui n'ont jamais existé et il commet, dans le récit de la bataille, les mêmes erreurs que l'auteur précédent.

3° Guerre d'Orient, par un TACTICIEN.

Page 455 : L'auteur tombe dans les mêmes exagérations que les ouvrages précités. Il n'y a jamais eu un blockhaus à l'ouest de Plevna, sur la route de Sophia ; il n'y avait pas de couvent en pierres à l'est de la ville, et il était impossible d'organiser des abatis, par l'excellente raison que la région n'est pas boisée ; il n'y existe que quelques arbres fruitiers et on avait défendu expressément de les couper. Les noms que l'auteur donne aux ouvrages sont de pure imagination ; ces ouvrages ne reçurent un nom que beaucoup plus tard. Leur nombre, ainsi que leur importance, sont considérablement exagérés.

Page 458 : Le total des renforts reçus par Osman pacha du 20 au 30 juillet ne dépasse pas 8 bataillons. Dans le récit de la bataille, l'auteur réédite les erreurs et les appréciations inexactes de l'ouvrage *Russes et Turcs*.

4° Guerre d'Orient, par le colonel LECOMTE.

Cet ouvrage reproduit les erreurs des ouvrages précédents ; toutefois il est plus véridique et moins partial.

5° Ouvrage du colonel KOUROPATKINE.

L'auteur parle d'un grand pont fortifié sur le Vid ; le pont en pierres sur lequel passe la route de Sophia, bien que solidement construit, n'a jamais été fortifié ; on le couvrit pendant le siège par quelques ouvrages en terre élevés sur la rive gauche. A l'époque de la deuxième bataille, la ligne de défense des Turcs n'avait pas 30 kilomètres de développement, mais seulement 20, soit : quatre à cinq heures de marche.

Les ouvrages énumérés par l'auteur n'existaient pas lors de la deuxième bataille ; la plupart des noms qu'il leur donne ne leur ont jamais été donnés, même postérieurement à cette bataille.

Contrairement à ce qu'il avance, les Russes n'entrèrent pas dans la ville de Plevna, même pendant la troisième bataille. Jamais les habitants de Plevna ne furent employés aux travaux de défense et ils ne purent fournir des outils pour les terrassements, attendu qu'ils n'en possédaient pas.

D'après le colonel Kouropatkine, les Russes étaient mal renseignés sur l'effectif total des forces d'Osman pacha ; au début, ils les évaluaient à un chiffre trop faible ; plus tard, après les deux échecs du 20 et du 30 juillet, ils les exagérèrent. Il dit que, le 20 juillet, Osman pacha avait 18 bataillons et 54 pièces (au lieu de 25 bataillons et 58 pièces) à opposer aux 9 bataillons et aux 32 canons mis en ligne par les Russes, et que, le 30 juillet, il lutta avec 46 bataillons et le même nombre de canons (au lieu de 33 bataillons, 58 canons), contre 36 bataillons, 22 escadrons et 84 bouches à feu.

NOTE N° 6

RECTIFICATION SOMMAIRE DES PRINCIPALES ERREURS QUI
SE TROUVENT DANS LES OUVRAGES DÉJA CITÉS RELATI-
VEMENT AU COMBAT DE PELISCHAT.

1° **Russes et Turcs**, GUERRE D'ORIENT.

Page 422 : L'auteur assigne à la sortie du 31 août
trois motifs aussi peu logiques les uns que les autres,
au point de vue militaire : d'abord fêter le commencement du mois du jeûne musulman du Ramazan, puis
célébrer par une action d'éclat l'anniversaire de l'avè-
nement au trône du sultan Abdul-Hamid ; comme si,
dans la position difficile où il se trouvait, Osman pacha
pouvait se laisser guider par d'autres pensées que des
considérations purement militaires. Quant au troisième
motif : reprendre Lofdscha, l'auteur paraît ignorer que
cette ville fut attaquée seulement le lendemain de la
sortie et prise par les Russes le 3 septembre.

Nous avons donné la seule explication rationnelle et
conforme à la vérité : il s'agit simplement d'une recon-

naissance offensive. Osman pacha, ayant appris que les Russes étaient occupés à organiser un vaste camp retranché non loin de Plevna, avait le désir de s'assurer du fait, de voir par lui-même les positions choisies et d'obliger l'ennemi à déployer ses forces. Le général Skobeleff n'a-t-il pas fait, le 6 août, une reconnaissance analogue devant Lofdscha, sans oser toutefois attaquer les troupes turques, dont il tripla l'effectif dans son rapport?

Page 433, col. 2 : L'auteur dit que la cavalerie turque était forte de 2,500 cavaliers; elle comprenait seulement huit escadrons de cavalerie régulière d'un effectif très faible, un régiment de cavalerie auxiliaire déjà bien réduit et quelques cavaliers circassiens irréguliers : soit un total d'à peine 1,500 cavaliers, dont 500 réguliers.

Page 422, col. 2 : L'auteur dit que l'artillerie turque comptait 40 à 50 canons, tandis qu'elle n'avait que trois batteries, c'est-à-dire 18 canons; il évalue l'infanterie à 20 ou 25,000 hommes; elle atteignait à peine le chiffre de 9,000 hommes.

Page 424, col. 2 : Osman pacha n'eut jamais l'intention de tourner la position de Sgalevitza avec sa cavalerie; il voulait seulement faire une démonstration, pour permettre aux bataillons qui s'étaient trop avancés de se dégager et de revenir en arrière.

Pages 424, 425 : Les troupes turques n'avaient pas,

comme le prétend l'auteur, des réserves et des pièces à longue portée. Les nombreux renforts que les Russes durent faire venir, jusqu'à concurrence d'un effectif presque double des assaillants, prouvent qu'elles déployèrent dans l'attaque beaucoup d'énergie et de ténacité.

Page 426, col. 2 : L'auteur évalue les pertes turques à 3,000 hommes, mais les Turcs ne rapportèrent pas leurs morts et lui-même avoue que les Russes n'en enterrèrent que 400. L'auteur évalue les pertes des Russes à 30 officiers et 945 soldats. Cela prouve une fois de plus l'acharnement de la lutte, car les Russes se défendaient derrière des retranchements.

2° Guerre d'Orient, par Amédée LEFAURE.

Le récit ressemble beaucoup au précédent, mais il est moins détaillé.

Page 431 : L'auteur dit qu'à cette époque Osman pacha disposait de forces assez considérables pour faire une démonstration contre le 4° corps russe et tomber en même temps sur les Roumains cantonnés à l'embouchure de l'Isker, on sait que les 16 bataillons laissés à Plevna suffisaient à peine à la garde des ouvrages. Il évalue à 12 bataillons et 40 canons les renforts appelés par les Russes sur le champ de bataille.

Page 439 : L'auteur ajoute que, si les Russes furent

vainqueurs, leur succès fut négatif, et il attribue ce fait à la lenteur de la marche de la brigade russe chargée de tomber sur le flanc de la division turque en retraite. Il donne comme raison de ce retard l'extrême chaleur de la journée ; en réalité, ce détachement parut à l'est de Grivitza et il abandonna la poursuite, quand il vit apparaître sur son flanc les quelques bataillons envoyés de Plevna par Adil pacha.

3° **Guerre d'Orient**, par un TACTICIEN.

Cet ouvrage, plus prolixe que les autres, reproduit le même exposé des faits, avec des considérations qui prouvent combien l'auteur était mal renseigné sur l'armée turque.

Vol. II, page 39 : L'auteur évalue les forces russes qui occupaient les ouvrages au début de la bataille à 11 bataillons d'infanterie, 4 escadrons de cavalerie, 15 batteries d'artillerie (120 canons), avec 9 bataillons et 2 batteries de réserve, forces presque doubles de celles des Turcs. Il parle aussi d'une poursuite qui aurait été faite par 10 bataillons, 8 escadrons et 4 batteries, et poussée pendant cinq kilomètres ; cette poursuite n'a pas eu lieu.

Page 48 : Il estime à 57,000 hommes, dont 20,000 malades ou blessés, l'effectif de l'armée de Plevna ; l'armée ne comptait à ce moment que 35 bataillons d'infanterie qui, avec les autres armes, ne donnaient même pas un effectif de 25,000 hommes ; les hôpitaux de campagne de Plevna ne contenaient alors aucun blessé, on les évacuait immédiatement sur Sophia.

4° **Guerre d'Orient**, par le colonel Lecomte.

Le récit de cet auteur, quoique calqué en partie sur les précédents ou puisé aux mêmes sources, est cependant beaucoup plus véridique. Il s'abstient de faire des réflexions désobligeantes pour les Turcs, toutes les fois qu'elles ne sont pas motivées par des faits.

NOTE Nº 7

SITUATION DES ARMÉES OTTOMANES EN BULGARIE
VERS LE MILIEU DU MOIS D'AOUT (VOIR CARTE Nº 3).

Les troupes qui occupaient la place forte de Varna s'élevaient à 12 bataillons.

Une division comprenant 8 bataillons d'infanterie, 2 batteries d'artillerie et environ 600 cavaliers irréguliers, la plupart circassiens, avait pour mission de tenir tête au 14ᵉ corps d'armée russe qui, sous les ordres du général Zimmerman, avait envahi la Dobroudja et occupait la ligne du chemin de fer de Tchernavoda à Kustendjé.

La garnison de Silistrie, commandée par le férik Selami pacha, comprenait 12 bataillons d'infanterie, 2 batteries d'artillerie de campagne et 4 escadrons de cavalerie régulière. Celle de la petite place de Tourtoukaï, forte de 4 bataillons d'infanterie, dépendait de Silistrie.

Le camp retranché de Choumla était occupé par 14 bataillons d'infanterie.

L'armée de l'Est, commandée par le généralissime Mehmed-Ali pacha, formait deux corps, savoir : le muchir Ahmed-Eyoub pacha occupait le camp retranché de Razgrad, avec trois divisions d'infanterie commandées par les fériks Nedjib pacha, Fuad pacha et Assaf pacha, comprenant ensemble, à la date du 11 août, 48 bataillons d'infanterie, 19 escadrons de cavalerie régulière, 8 compagnies de gendarmes à cheval, 13 batteries d'artillerie, dont trois à cheval (80 canons) et un certain nombre de cavaliers irréguliers, soit un effectif total d'environ 43,000 hommes, dont 3,200 cavaliers (voir l'ordre de bataille de ce corps au tableau n° 3 ci-après).

Le deuxième corps, commandé par le muchir Hassan pacha, fils du vice-roi d'Égypte (Ismaïl pacha), occupait les environs d'Eski-Djouma ; il se composait de 42 bataillons d'infanterie, de 12 escadrons de cavalerie, et de 9 batteries d'artillerie, avec un effectif d'environ 32,000 hommes.

L'armée de la Chipka commandée par le muchir Suleiman pacha opérait sur le revers méridional de la passe de ce nom qu'elle cherchait à enlever de vive force. Elle comprenait 46 bataillons d'infanterie, 8 escadrons de cavalerie et 6 batteries d'artillerie de campagne.

Enfin, on rassemblait à Sophia des troupes destinées à renforcer l'armée de Plevna.

Le 21 août, l'armée de l'Est prit l'offensive : les troupes du corps d'Eski-Djouma attaquèrent le XIIIe corps russe et elles eurent l'avantage dans les combats de Kizitlar et d'Ayaslar. Le 30 août, les deux corps d'armée de Razgrad et de Djouma entreprirent de concert une reconnaissance offensive et s'emparèrent de la position de Kara-Hassan-Keuï après un combat acharné ; ce succès fut suivi le 5 septembre de la défaite d'une partie du XIIe corps russe à Katzelevo.

Du 21 au 26 août, Suleiman pacha essaya à plusieurs reprises d'enlever de front et de vive force la passe de la Chipka ; mais, malgré l'intrépidité des troupes turques, il échoua dans ses tentatives.

Si Mehmed Ali pacha, réunissant toutes les forces placées sous son commandement, avait pris vigoureusement l'offensive contre les deux corps russes qui lui étaient opposés, il les aurait certainement repoussés jusqu'à la Yantra et se serait emparé de l'excellente position de Biéla, qui commande la route de Sistovo à Tirnovo et le plateau situé entre la Yantra et le Vid ; ce mouvement offensif, couronné par l'occupation de Biéla, aurait obligé la principale armée russe, prise entre deux feux, à évacuer ses positions de Bulgaréni et de Poradin ; de plus, il aurait contraint le corps d'armée qui gardait la passe de la Chipka à rétrograder en toute hâte, sous peine de se voir coupé de la ligne du Danube.

Suleiman pacha aurait, sans aucun doute, suivi ce corps d'armée ; l'armée russe, qui ne comptait encore que six corps d'armée, aurait été enveloppée entre le Danube, la Yantra, le Vid et la chaîne des Balkans par les forces combinées d'Osman pacha, de Suleiman pacha, et de Mehemed-Ali pacha comprenant ensemble

180 bataillons, soit 6 corps d'armée. L'armée russe, pour se faire jour, aurait été obligée d'attaquer ces différentes armées, elle aurait eu d'autant plus de peine à en triompher qu'elle était inférieure en nombre et qu'il lui aurait fallu enlever des positions défensives formidables, que les Turcs n'auraient pas manqué d'occuper.

NOTE N° 8

RECTIFICATION SOMMAIRE DES PRINCIPALES ERREURS CON-
TENUES DANS LES OUVRAGES PUBLIÉS SUR LA GUERRE
D'ORIENT, A PROPOS DE LA PRISE DE LOFDSCHA PAR LES
RUSSES.

Tous les auteurs s'accordent à louer le courage et
la ténacité déployés par les troupes ottomanes dans la
défense de Lofdscha, et ils cherchent à excuser le
massacre des blessés qui furent achevés par les Russes
après la prise de la grande redoute. Ils présentent cet
acte abominable comme des représailles exercées par
les soldats russes pour venger leurs camarades blessés,
qui auraient été massacrés et mutilés par des bachi-
bouzouks, après la deuxième bataille de Plevna.

1° Russes et Turcs, GUERRE D'ORIENT.

Page 431 : L'auteur évalue les forces des Russes à
25,000 hommes avec 80 bouches à feu, et celles des
Turcs de 10,000 à 12,000 hommes; or Lofdscha n'était
occupé que par 8 bataillons et 6 canons; soit environ
5,000 hommes.

Page 432, *col.* 1 : La hauteur A ne fut pas emportée de vive force ; le 1ᵉʳ septembre, les deux compagnies qui l'occupaient l'évacuèrent volontairement, ne pouvant s'y maintenir à cause de la grêle de projectiles qui y tombait et de la nature pierreuse du terrain.

Page 432, *col.* 2 : Il n'existait aucun ouvrage sur les flancs de la colline A.

Page 433 : L'auteur parle de plusieurs batteries turques ; il n'y avait que quatre canons dans la redoute et sur la colline V.

Le combat soutenu pendant trois jours avait totalement épuisé les munitions ; Rifaat pacha, ne pouvant plus utiliser ses bouches à feu, les fit emmener en arrière avant la fin du combat.

Page 440 : L'auteur parle de 2,200 Turcs enterrés par les Russes ; ce chiffre est évidemment exagéré, eu égard à l'effectif de la brigade ottomane.

Par contre, l'auteur n'évalue qu'à 1,516 hommes seulement les pertes des Russes, qui combattaient à découvert.

Les autres ouvrages contiennent les mêmes erreurs.

2º Guerre d'Orient, par le colonel LECOMTE.

Cet ouvrage dit que la brigade turque se composait de 8 bataillons avec 8 canons ; il évalue les pertes des Turcs à 400 tués, et celles des Russes à 1,600 tués et blessés.

L'auteur de l'ouvrage *Russes et Turcs* dit que les soldats turcs ne prenaient pas le temps de viser et que leur tir était sans efficacité ; il rapporte pourtant, quelques lignes plus bas, que, au moment de l'assaut, les colonnes enjambaient à chaque pas des cadavres russes.

Les hommes qui restèrent dans la redoute au moment de la retraite formaient un effectif d'environ deux compagnies ; ils se composaient des blessés et des hommes qui n'avaient pas pu suivre le mouvement : la façon dont ils résistèrent à un ennemi bien supérieur en nombre leur fait le plus grand honneur, ils refusèrent de se rendre et ils furent tous tués ; on sait que les blessés furent achevés par les Russes à coups de baïonnette.

NOTE N° 9

RECTIFICATION SOMMAIRE DES PRINCIPALES ERREURS CON-
TENUES DANS LES OUVRAGES PUBLIÉS SUR LA GUERRE
D'ORIENT A PROPOS DE LA TROISIÈME BATAILLE DE
PLEVNA.

1° Russes et Turcs, GUERRE D'ORIENT.

Page 476 et 478 : Le 10 septembre, l'effectif de l'armée ottomane n'atteignait pas 30,000 hommes tandis que l'auteur le porte à 60,000 hommes.

Quant aux retranchements, ils étaient loin d'avoir l'importance et la solidité qu'il leur attribue. C'étaient des ouvrages en terre, construits au moyen d'outils imparfaits et en quantité insuffisante; on n'avait employé à leur construction ni bois, ni pierres. On n'avait pas de brouettes; la terre était transportée sur des plaques de tôle destinées à cuire le pain ou dans des sacs. En revanche, on avait judicieusement choisi les positions de défense; les tranchées-abris, les moindres retranchements alentour des ouvrages avaient été tracés avec intelligence et une parfaite entente du terrain.

Les soldats s'y étaient ménagé des abris grossiers, en travaillant de leur propre initiative et sans guides ; car l'armée, comme nous l'avons déjà dit, ne possédait pas de troupes du génie. Les officiers d'état-major qui se trouvaient à Plevna n'avaient guère le temps de s'occuper des détails de la défense. Le 11 et le 12 septembre, tous les points désignés pour être fortifiés ne l'étaient pas encore, surtout au front sud ; tandis que l'auteur représente le camp retranché comme totalement terminé.

Il n'existait pas de chemin couvert ; les tranchées qui reliaient entre eux certains ouvrages n'étaient pas assez larges pour permettre le transport des munitions d'artillerie.

L'auteur évalue les forces russes et roumaines à 90,000 hommes et 386 canons, dont 20 de position. Il ajoute que 40,000 hommes seulement furent engagés, et un peu plus loin, dans son récit, il évalue les pertes russes à 20,000 ou 22,000 hommes ; ce serait plus de la moitié de l'effectif engagé.

Page 480 : L'auteur prétend que les Russes n'avaient pas préparé l'attaque par un bombardement suffisant ; deux pages plus haut il avait dit que le bombardement dura quatre jours et fut tellement violent que les officiers russes ayant pris part à la guerre de Crimée le comparaient à celui de Sébastopol. Les Turcs, au contraire, ménageaient leurs munitions ; ils en étaient mal pourvus et ils ne comptaient plus sur un ravitaillement.

Page 483 : L'auteur donne le nom de Kérim-tabia à l'ouvrage (n° 8) de Grivitza, lequel n'a jamais été connu au camp turc que sous le nom de Canli-tabia.

Page 486 : L'auteur dit que le village de Grivitza fut épargné pendant le bombardement et que les habitants bulgares vaquaient à leurs occupations journalières; voilà qui ne concorde guère avec le récit, réédité à chaque page, des atrocités commises par les Turcs.

Page 487, *col.* 7 : L'auteur parle d'un petit ouvrage situé en avant de la redoute Canli-tabia, lequel fut, dit-il, évacué pendant le bombardement du 8 septembre et occupé par les Roumains. Cet ouvrage n'a jamais existé; il s'agit sans doute d'un bout de tranchée-abri occupé par un avant-poste.

Page 488, *col.* 1 : La marche en avant et les attaques réitérées du général Skobeleff, dont l'auteur donne le détail pour la journée du 8 septembre, sont considérablement exagérées; c'est à peine si quelques compagnies turques furent engagées dans cette affaire.

Page 490 : Les dégâts occasionnés par le bombardement dans la redoute Canli étaient assurément très grands et les pertes, considérables; mais aucun des deux canons qui se trouvaient dans l'ouvrage ne fut démonté.

Page 492 : Les ouvrages du sud, dont parle l'auteur,

sont ceux de Baghlar-Bachi (20), de Kovanlik (19), d'Issa agha (18); le premier était une redoute isolée sans canons, et les deux autres des retranchements à trois faces reliés par des tranchées-abris.

Les Russes ne prirent qu'un seul canon dans l'ouvrage 18, l'autre avait été emmené par les défenseurs.

Page 496 : Les attaques des Russes contre le centre furent repoussées par un bataillon envoyé d'Arab-tabia par le colonel Tevfik bey.

Page 499, *col.* 2 : L'ennemi s'empara de deux canons, dont un de montagne dans la redoute Canli ; les deux drapeaux et les cinq pièces d'artillerie cités par l'auteur sont une exagération.

Page 503 : L'auteur dit que le 12 septembre, vers le soir, les redoutes du Sud prises par les Russes furent attaquées par des troupes turques qui, venant de la ville, traversèrent des bois épais et se jetèrent sur les ouvrages musique en tête, précédées de plusieurs régiments de cavalerie régulière et de nombreux habitants organisés en tirailleurs; tout ce récit est absolument fantaisiste. Aucun bois, même clair-semé, n'a existé aux abords de Plevna. Il n'y avait dans le camp aucune musique militaire; la cavalerie régulière ne comptait que 7 escadrons, répartis pour le service des estafettes et des ordonnances. Les habitants n'ont jamais pris part au combat; de loin seulement ils encourageaient les soldats par leurs cris.

Page 507 : L'auteur dit qu'après la bataille Osman pacha refusa catégoriquement aux Russes la permission d'enlever leurs morts. C'est une erreur; le Muchir ne pouvait évidemment pas laisser des officiers russes de l'état-major ou d'autres armes approcher, sous ce prétexte, des retranchements et en faire la reconnaissance. Il proposa d'établir, du côté de Grivitza, une ligne de démarcation des deux côtés de laquelle chaque armée ensevelirait les cadavres restés sur le sol. Cette proposition ne fut acceptée que quelques jours après, lorsque l'air était déjà infecté. Les cadavres se trouvant sur les autres fronts avaient été enterrés par les soldats turcs, avec l'aide des habitants bulgares de la ville.

Page 512 : L'auteur évalue les pertes des Turcs à 8,000 ou 10,000 hommes; ce chiffre est hors de proportion avec l'effectif de l'armée de Plevna, qui, si elle avait eu à supporter cette perte, n'aurait pas pu continuer à résister, même après avoir reçu les renforts, qui lui arrivèrent douze jours après.

2° **Guerre d'Orient**, par Amédée LEFAURE.

Page 462 : L'auteur dit qu'Osman pacha s'était préparé, pendant la guerre d'Amérique, aux fonctions qu'il allait remplir et en avait rapporté les connaissances militaires qu'il mit en pratique.

Le Muchir, né à Tokat en Asie Mineure, n'avait jamais servi que dans l'armée ottomane et il n'avait jamais quitté son pays. Il avait pris part à la guerre de

Crimée, à la répression de l'insurrection crétoise de 1865 à 1867, aux campagnes du Yémen et de l'Assyr en 1871-72 et à celle de Serbie en 1876.

Page 463 : L'auteur exagère beaucoup l'importance des fortifications construites à Plevna.

Page 466 : Il évalue les forces russes et roumaines à 80,000 hommes, 20,000 cavaliers, 250 bouches à feu.

Page 467 : L'importance des attaques faites au sud de Plevna pendant les journées des 8 et 9 septembre, par les généraux Imérétinsky et Skobeleff est également fort exagérée.

Page 476 : L'auteur dit que le général Skobeleff dut évacuer les ouvrages dont il s'était emparé au sud de Plevna, parce qu'on ne lui avait pas envoyé les renforts qu'il demandait; or, quand on fait impartialement le relevé des forces adverses, on reconnaît que le général disposait d'un effectif supérieur à celui des Turcs et d'une artillerie plus nombreuse.

Page 479 : L'auteur estime les pertes russes à 20,000 ou 22,000 hommes, dont la moitié en tués.

3° **Guerre d'Orient,** par un TACTICIEN (2ᵉ vol.).

Page 201 : L'auteur évalue l'effectif des forces ennemies à 80,000 hommes, avec 100 ou 120 bouches à feu;

plus loin, indiquant les positions occupées le 6 septembre au soir, par l'armée russo-roumaine en face des retranchements turcs, il compte : 84 bataillons d'infanterie de ligne et de chasseurs, 54 batteries de campagne, soit : 388 canons, plus 24 pièces de siège, 71 escadrons de cavalerie, auxquels il faut ajouter 2 divisions roumaines, arrivées le 8 septembre.

Pages 111 *et* 130 : L'auteur commet les mêmes erreurs que les précédents écrivains, relativement à l'ouvrage qu'il croit exister en avant de la redoute Canli, à l'importance exagérée des combats livrés les 8 et 9 septembre, et à l'état des retranchements turcs.

Page 133 : L'auteur parle du village de Krichine, comme s'il se trouvait compris dans la zone de terrain où se livrèrent des combats d'infanterie; jamais les troupes turques n'occupèrent ce village.

Page 148 *et suivantes* : L'auteur parle de tentatives faites par les Turcs, pendant la nuit du 11 au 12 septembre, pour reprendre les ouvrages du sud dont les Russes s'étaient emparés ; or l'état critique des troupes encore dispersées et quelque peu démoralisées ne permettait pas de songer à une telle entreprise.

Page 159 : L'auteur exagère l'effectif des troupes turques qui reprirent les ouvrages conquis par les Russes au sud de Plevna et il parle de six attaques consécutives ; il n'y en eut réellement que deux.

Page 161 : L'auteur cite le rapport du général Zotow dans lequel il est dit que les Russes abandonnèrent volontairement les ouvrages pris le 11 septembre, tandis que, au contraire, ils en furent expulsés après une résistance acharnée, qui leur fait, du reste, grand honneur.

Page 168 : L'auteur estime les pertes des Russes à 12,800 hommes, dont 3,060 tués, et celles des Roumains à 5,565 hommes, dont 1348 morts, soit un total de 18,365 hommes, dont 4,408 tués, tandis que les Turcs auraient perdu 8 à 10,000 hommes, c'est-à-dire le tiers environ de leur effectif total.

4° **Guerre d'Orient,** par le colonel LECOMTE.

Page 247 : L'auteur n'évalue les forces russes et roumaines qu'à 70,000 hommes, avec 250 pièces.

Page 254 : Exagération dans la description des ouvrages de Plevna.

Page 260 : Contrairement à ce qu'avance l'auteur, Osman pacha, pendant l'après-midi du 11 septembre, n'était pas au courant de ce qui se passait à l'aile droite, il en reçut les premières nouvelles dans la nuit.

Page 261 : L'auteur prétend qu'Osman pacha concentra 30,000 hommes pour reprendre les ouvrages du sud; il est facile de voir en faisant le compte des bataillons intacts ou déjà entamés, qui furent employés à la contre-attaque, combien cette évaluation est exagérée.

5° Ouvrage du général KOUROPATKINE.

L'auteur dit qu'un régiment russe étant parvenu, pendant la deuxième bataille, jusqu'aux premières maisons de la ville du côté du sud, Osman pacha, pour parer à une éventualité de cette nature, fit élever la redoute d'Arab-tabia et ouvrir à l'ouest quelques tranchées, qui s'appuyaient à la vallée du Caïalidéré et barraient la route de Radischevo à Plevna. C'est une erreur.

La redoute d'Arab-tabia était destinée à défendre le front est; elle n'avait des vues ni sur la vallée du Caïalidéré, ni sur le front sud; quand on voulut canonner les ouvrages 18, 19, on fut obligé de construire une nouvelle batterie entre Arab-tabia et le quartier général.

En énumérant les ouvrages, l'auteur estropie leurs noms. Il appelle Redji bey tabia, l'ouvrage de Kovanlik (19); Abdul bey, celui d'Issa agha (18); Tel-Ota tabia, celui de Talaat bey. Il prétend que les Russes ignoraient l'existence de la redoute de Baghlar-Sirti (Baghlar-Bachi), qui pourtant dominait tous les ouvrages du front sud.

D'après le général Kouropatkine, la construction de la redoute Bach-tabia (n° 7) serait postérieure à la deuxième bataille, tandis qu'elle existait déjà à cette époque.

Sur le front nord, le ruisseau de Boukova aurait formé un fossé large et profond qui rendait les attaques difficiles ; or ce ruisseau est toujours à sec pendant l'été et la vallée, où il coule à l'époque des pluies, n'offre que des pentes douces et cultivées.

Le terrain serait couvert de bois, de vignes, de hautes cultures et d'arbres fruitiers qui limitaient le champ de tir et gênaient les observations militaires. La vérité est que, aux environs de Plevna, il y avait au nord et à l'est des champs cultivés dont la moisson avait été faite, au sud, des plantations de maïs non encore coupé et des vignes parsemées d'arbres fruitiers ; il n'y avait donc rien qui rendît les observations difficiles.

Les collines seraient étagées symétriquement autour de Plevna ; les premières crêtes seraient commandées par les crêtes en arrière, de sorte que les Russes ne pouvaient pas utiliser celles dont ils s'étaient emparés ; il suffit de jeter un coup d'œil sur la carte pour acquérir la certitude du contraire.

L'auteur donne une appréciation assez exacte de l'armée ottomane qu'il évalue à 49 bataillons (4 de trop), 60 canons (2 de trop), et 2,600 cavaliers (il n'y avait que 400 réguliers et 1200 irréguliers). Il porte l'effectif des bataillons à 600 hommes, tandis qu'il variait généralement entre 4 et 500. Il dit que, dans leurs abris, les soldats turcs avaient ménagé des dépôts pour l'hydromel. Le soldat turc n'a jamais bu que de l'eau.

Au dire du général Kouropatkine, les ouvrages élevés par les Turcs dans le secteur sud étaient pour la plupart cachés à la vue des Russes, qui en auraient ignoré l'existence; or des positions de l'attaque, presque tous ces ouvrages, notamment Baghlar-Bachi, étaient parfaitement visibles.

L'auteur ajoute que les Russes voulaient s'emparer des ouvrages Kovanlik et Issa agha, pour couper l'armée turque en deux, puis attaquer les ouvrages situés à l'ouest. On ne peut guère admettre l'appréciation de l'auteur, quant à l'insuffisance des troupes russes destinées à attaquer le front sud; la vérité est que les Russes, mettant en ligne de ce côté 22 bataillons complets, avec 88 canons et 30 escadrons, comptaient bien enlever facilement des ouvrages qu'ils savaient défendus par des troupes très inférieures en nombre (9 bataillons) et par une faible artillerie (8 canons).

En décrivant les positions occupées par l'armée russe avant la bataille, l'auteur dit que le IXe corps (24 bataillons), ayant sa droite appuyée à la route de Sistovo et sa gauche au chemin de Pelischat, se trouvait ainsi en face des ouvrages de Tchouroum et d'Ibrahim bey; il ajoute que le secteur est ne fut attaqué que par le IVe corps, établi sur les hauteurs de Radischevo; or, de Plevna et notamment du quartier général, on vit des colonnes parties du sud de Grivitza se joindre aux troupes qui descendaient de Radischevo, pour attaquer l'ouvrage d'Omer bey. Ces colonnes devaient évidemment appartenir au IXe corps; le front est fut donc attaqué par plus de 18 bataillons (chiffre donné par l'auteur), puisque le IVe corps en comptait déjà 24.

L'auteur ne fait pas entrer en ligne les 9 bataillons laissés en réserve à Pelischat; pourtant il n'est guère admissible que, après l'insuccès de sa première attaque, l'ennemi n'ait pas fait venir des renforts qui se trouvaient en des points aussi rapprochés.

Parlant des fautes commises et de la lenteur de la marche des Russes, depuis leurs cantonnements de Bulgareni et Pelischat jusqu'à Plevna, l'auteur ajoute que cette marche réussit grâce à l'inaction des Turcs, qui auraient dû faire des reconnaissances de ce côté. Il oublie qu'Osman pacha n'avait pas de cavalerie.

L'attaque exécutée par les Roumains le 4 septembre en avant de Grivitza est loin d'avoir eu l'importance qu'il lui attribue.

Le général dit que la troisième crête des montagnes vertes (K) etait séparée des redoutes de Kovanlik et d'Issa agha, par un ravin assez profond, au fond duquel coulait un ruisseau; en réalité, il n'y avait là qu'une légère dépression de terrain par laquelle s'échappait l'eau provenant d'une fontaine située plus haut.

Pendant la journée du 9, Emin pacha occupa, avec cinq bataillons, la crête 25; l'auteur attribue à ce mouvement défensif une importance qu'il n'a jamais eue. On aurait voulu, d'après lui, soit exécuter une reconnaissance offensive, soit essayer de reprendre les crêtes situées plus en avant.

D'après l'auteur, les 30 escadrons de cavalerie russe envoyés sur la rive gauche du Vid ne réussirent pas à intercepter les communications de Plevna avec le dehors ; or, pendant les six journées que durèrent le bombardement et la bataille, on ne reçut de Sophia ni renforts, ni convoi, ni nouvelles.

L'auteur dit que les objectifs d'attaque pour la journée du 11 n'étaient pas nettement déterminés, tandis que l'on voit clairement dans sa relation qu'ils étaient désignés d'avance. A l'aile droite, c'était la redoute Canli ; au centre, l'ouvrage d'Omer bey ; à l'aile gauche, ceux de Kovanlik et d'Issa agha.

L'auteur ajoute ensuite que le chiffre des troupes désignées pour les différentes attaques n'était pas en rapport avec l'importance des objectifs, vu qu'à l'aile droite on disposait de 48 bataillons, au centre de 18 et à l'aile gauche de 22. Il est difficile de croire que l'état-major russe ait commis une faute de cette nature, car il était tenu au courant de ce qui se passait à Plevna par les transfuges bulgares. Quand on examine la répartition des troupes turques, on voit que les mesures avaient été prises en parfaite connaissance de cause, et si les forces déployées à l'aile droite étaient plus considérables, c'est que les Russes tenaient beaucoup plus à s'emparer des ouvrages de Grivitza que de ceux des fronts est et sud.

L'auteur dit que, pendant la journée du 12, le général Skobeleff combattit avec un faible corps (22 bataillons ayant chacun un effectif de 600 hommes, soit au moins 13,000 hommes), contre presque toutes les forces turques. Ces dernières n'atteignaient que le chiffre de 27 bataillons de 400 hommes chacun. Sur ces 27 bataillons, 5 se trouvaient dans les ouvrages et 12 avaient été fort éprouvés par les combats de la veille, de sorte que les Russes n'avaient en réalité que 8,000 hommes devant eux. Pendant la lutte qui se livrait en avant des montagnes vertes, 42 bataillons russes et roumains, encore intacts, attendaient, dit-il, dans leurs positions de la droite et du centre; il est peu probable que l'état-major russe n'ait pas envoyé quelques renforts au général Skobeleff.

Comme conclusion de son récit, l'auteur cherche à expliquer l'insuccès des Russes par les raisons suivantes : absence d'unité dans le commandement, manque de reconnaissance préparatoire du terrain, objectif d'attaque mal choisi vers le sud, alors qu'on aurait dû se porter contre le front nord, moins fortement défendu; tir défectueux de l'artillerie, commencé à des distances trop considérables pour la portée des pièces; assauts insuffisamment préparés, mauvaise répartition des troupes, manque de réserves, enfin une série de fautes toutes plus grossières les unes que les autres; qui donneraient une triste opinion de l'armée russe, de ses chefs et de son état-major, si l'on devait admettre sans discussion les critiques de l'auteur.

Il est beaucoup plus rationnel de reconnaître que l'armée russe a été arrêtée par la résistance opiniâtre et inattendue des troupes turques, contre lesquelles elle venait se heurter et par l'énergique habileté de leur chef, Osman pacha.

NOTE N° 10

COMBAT DU GRAND (GORNA) DOUBNIAK
(VOIR LE CROQUIS N° 2).

On se rappelle que, aussitôt après l'arrivée du convoi de Chefket pacha et le rétablissement des communications sur la route de Sophia, Osman pacha avait chargé la division d'Ahmed-Hifsi pacha de garder la partie de cette route comprise entre Plevna et Telisch.

Ahmed pacha partit le 14 octobre. Il laissa au petit (Dolna) Doubniak, le colonel Véli bey avec 5 bataillons, 2 canons et quelques cavaliers, envoya à Telisch le général Hakki pacha, avec 4 bataillons et 2 canons et il s'installa lui-même, dans la position intermédiaire du grand (Gorna) Doubniak, avec 6 bataillons, 4 escadrons et 4 canons, formant un effectif total un peu inférieur à 4,000 hommes.

Il fit entreprendre immédiatement, au point culminant du plateau, entre la route et le village, la construction d'une grande redoute hexagonale pouvant contenir la totalité du détachement.

En même temps, on commença, à dix pas de cette redoute, et de l'autre côté de la route de Sophia, un petit ouvrage pouvant contenir à peine une compagnie, pour couvrir un ancien corps de garde de zaptiés, où l'on emmagasinait les vivres du détachement.

Ces deux ouvrages étaient protégés en arrière, vers le sud-ouest, par un ravin assez étroit, bordé de pentes escarpées; ils étaient environnés, de tous les côtés, de taillis épais, sauf vers le nord-est.

Peu après, afin de battre les approches de la position du côté de l'est, on entreprit, en avant des bois, la construction d'une petite lunette.

Malheureusement les troupes ne purent pas travailler d'une manière suivie à la construction de ces trois ouvrages, attendu qu'elles avaient à faire le service de convoyeurs.

Chaque jour, en effet, trois bataillons étaient envoyés à tour de rôle, l'un le matin, le second à midi et le troisième le soir, moitié dans la direction de Telisch, moitié dans la direction du Petit-Doubniak, d'une part pour accompagner les blessés et les malades évacués de Plevna, de l'autre, pour escorter les dernières voitures du convoi de Chefket pacha.

Il en résulte que, à la date du 24 octobre, époque où les Russes vinrent cerner la position du Grand-Doubniak, les fossés des ouvrages étaient à peine ébauchés et les remblais du parapet n'atteignaient pas encore un mètre de hauteur.

Les deux petits ouvrages n'étaient point occupés;

le détachement, ayant un faible effectif, se bornait à garder la grande redoute.

Les forces russes qui prirent part à l'attaque comprenaient, en première ligne, 20 bataillons, 4 escadrons et 6 batteries (48 canons), soit environ 17,000 hommes, qui furent appuyés au nord-ouest par 12 escadrons de cavalerie et 6 canons; en même temps, 12 bataillons, 11 escadrons et 32 canons russes avec 7 bataillons, 44 escadrons et 34 canons russes ou roumains, étaient envoyés vers le Petit-Doubniak pour s'opposer à une sortie de Plevna, et 4 bataillons et 16 escadrons se portaient vers Telisch.

Le 26 octobre, le bataillon rédif d'Eregli était commandé de service pour le matin; quatre compagnies devaient conduire à Telisch les blessés et les malades venant de Plevna et quatre autres compagnies devaient escorter une quarantaine de voitures, dernier échelon du convoi de Chefket pacha. Ces quatre compagnies partirent dans la direction du Petit-Doubniak, mais elles tombèrent dans une embuscade que les Russes avaient tendue pendant la nuit. Très peu de soldats parvinrent à regagner le Grand-Doubniak, de sorte que la garnison se trouva réduite à cinq bataillons; les quatre autres compagnies d'Eregli ayant continué leur marche sur Telisch. Les cavaliers arrivant plus vite que les fantassins donnèrent l'alarme; presque aussitôt l'ennemi se montra et commença l'attaque.

Pendant une heure et demie, les canons de l'ouvrage le maintinrent à distance; mais ils furent tous démontés successivement, et l'artillerie dut cesser le feu. Les

Russes en profitèrent pour faire avancer leurs bataillons sous la protection de leur artillerie, dont le tir redoubla de violence. Ils se rapprochèrent de la face sud-est en se glissant à travers les taillis et parvinrent à 400 ou 500 mètres de la petite redoute.

Au moment où l'ennemi commençait à cerner les positions, la petite redoute et la lunette n'étaient pas occupées ; on se hâta d'envoyer dans le premier ouvrage la huitième compagnie du bataillon de Brousse, avec les munitions que les soldats pouvaient emporter. A l'approche des Russes, les soldats turcs ouvrirent sur eux, tant de la petite redoute que de la face sud du grand ouvrage, un feu de mousqueterie des plus nourris. La compagnie se maintint dans son poste jusqu'à ce qu'elle eut épuisé ses munitions ; à une ou deux reprises, elle en redemanda par des sonneries de clairon ; on essaya de lui en envoyer, mais les chevaux qui les portaient furent tués en route par les balles russes ; la compagnie fut obligée de se replier sur le grand ouvrage.

Maîtres de la petite redoute, les Russes pénétrèrent dans le corps de garde des zaptiés et poussèrent leurs troupes dans la vallée au sud-ouest de l'ouvrage ; la fusillade devint de plus en plus vive des deux côtés, la canonnade continuait.

Il avait été convenu entre les commandants de Telisch, du Grand-Doubniak et du Petit-Doubniak que, si l'une de ces positions était attaquée, les troupes des deux autres viendraient aussitôt à son secours. De grands feux de bois devaient servir de signal d'alarme.

Malheureusement Hakki pacha ne pouvait venir de Telisch, car il était attaqué lui-même et les troupes du Petit-Doubniak étaient immobilisées par des masses ennemies, qui s'apprêtaient à marcher contre elles. Ahmed pacha comprit que les munitions manqueraient bientôt, si ses soldats continuaient la vive fusillade par laquelle ils avaient accueilli l'ennemi dans le principe.

Il donna l'ordre aux bataillons de ne laisser tirer que les meilleurs tireurs, lesquels ne devaient faire usage de leur arme qu'à coup sûr. On se conforma pendant quelque temps, à ces prescriptions, mais malgré les officiers, la fusillade redevint bientôt aussi vive qu'auparavant.

Les Russes, massés dans la vallée au sud de l'ouvrage, tentèrent un premier assaut sur la face qui leur était opposée, où se trouvait un bataillon rédif de Kireson (1) comptant seulement 250 hommes. Le commandant Husni effendi, jeune officier brave et actif, reçut avec sang-froid le choc de l'ennemi et le repoussa en lui infligeant des pertes sérieuses.

Une seconde, puis une troisième colonne d'assaut subirent le sort de la première ; elles jonchèrent de cadavres les champs de maïs et de pastèques qui s'étendaient en avant de la redoute.

Dans le combat, Husni effendi fut légèrement blessé au front, et son camarade Osman effendi fut tué à

______

(1) Kérassunde.

côté de lui au moment où il venait lui porter secours.

Les munitions allaient manquer, le nombre des blessés augmentait à chaque instant, le fez rouge était une cible parfaite pour l'ennemi.

Le commandant russe organisa une nouvelle colonne d'assaut qu'il lança contre la face défendue par le bataillon de Brousse, du côté de la route ; la mort d'Osman effendi avait jeté un certain trouble parmi les soldats de son bataillon ; de sorte que les Russes parvinrent à occuper le fossé de cette face ; leur artillerie tirait, du reste, de manière à empêcher toute circulation dans l'ouvrage. Quand Ahmed pacha apprit ce qui se passait de ce côté, il accourut lui-même pour donner ses ordres, ses aides de camp et ses officiers d'ordonnance ayant tous été tués. Il réunit deux compagnies du bataillon de Sandoukli et les envoya chasser les Russes du fossé ; mais elles furent reçues par une fusillade si bien nourrie qu'elles ne purent approcher. Les soldats du bataillon de Brousse, presque tous zeibeks, n'abandonnaient point le parapet ; ils combattaient à la baïonnette, à coups de poings, se jetaient à la gorge de l'ennemi. Le soir approchait ; les soldats avaient épuisé leurs munitions ; ils demandaient des cartouches.

Ahmed pacha, au désespoir, n'en avait plus à leur donner ; finalement les Russes, après avoir anéanti le bataillon de Brousse, réussirent à pénétrer dans l'ouvrage.

Ahmed pacha, rassemblant le peu de soldats qui lui restaient, essaya de les lancer encore une fois contre l'ennemi ; mais tous ses officiers avaient été mis hors de combat ; il ne put à lui seul parvenir à enlever ses hommes.

La nuit était venue ; toute résistance était désormais impossible, le général dut se résigner à mettre bas les armes. On hissa un drapeau blanc du côté où devait, croyait-on, se trouver le général Gourko. Les officiers russes qui se trouvaient dans les fossés agitèrent leurs mouchoirs, Ahmed pacha fit faire le signal de cesser le feu ; mais les Russes, déjà maîtres de la moitié de l'ouvrage, profitèrent de cette circonstance pour attaquer l'autre moitié encore occupée par les Turcs ; ils les en chassèrent, firent pleuvoir sur eux une grêle de balles et mirent le feu à des huttes en branchages sous lesquelles on avait abrité un millier de blessés ; ces malheureux furent brûlés vifs.

Peu après, un major russe vint prendre Ahmed-Hifsi pacha et environ vingt officiers survivants. Il les conduisit sous escorte dans un bois, et il se disposait à les faire fusiller quand heureusement il changea d'avis. Emmenant avec lui Ahmed pacha, le lieutenant-colonel Izzet bey et le docteur Ollys, sujet autrichien au service de l'armée ottomane, il les conduisit auprès du général Gourko. Des officiers russes portant des lanternes s'avancèrent à la rencontre d'Ahmed pacha, et le général lui tendit la main en lui disant : « Cette affaire nous a coûté cher à tous, je n'ai jamais vu un pareil feu ». Il ajouta quelques paroles flatteuses pour Ahmed pacha ; celui-ci profita de cette bonne réception pour parler des pauvres blessés qui brûlaient dans les huttes.

32

Le général Gourko répondit que c'était probablement le fait d'une erreur.

Sur le tard, arriva le grand-duc Nicolas ; après une courte conversation, il donna l'ordre de conduire les officiers et Ahmed pacha à Bogot où l'on s'efforça vainement de leur faire dire ce qui se passait à Plevna.

NOTE N° 11

La position de Telisch était occupée, depuis le
14 octobre, par quatre bataillons d'infanterie et deux
canons, sous le commandement du général de brigade
Ismail-Hakki pacha. Un bataillon gardait une ligne de
retranchements couronnant un monticule situé en avant
et à droite du village. Deux bataillons gardaient les
retranchements élevés de part et d'autre de la route,
du côté de Plevna; enfin, le 4e bataillon gardait quelques ouvrages isolés, en arrière de Telisch. Comme il
existait un angle mort sur le front de la ligne avancée,
à droite du village, on avait élevé en cet endroit un
petit ouvrage de forme convexe, qui était occupé par
une compagnie.

Hakki pacha fut attaqué une première fois le 24 octobre. L'ennemi tenta plusieurs assauts et fut repoussé.
Il avait six pièces d'artillerie. Les pertes des troupes
turques s'élevèrent à 5 officiers, 73 soldats tués; 10 offi-

ciers et 128 soldats blessés; on avait tiré 339 coups de canon.

Hakki pacha, prévoyant le renouvellement de cette attaque, demanda à Chefket pacha de venir lui-même à Telisch avec toutes ses troupes. Chefket pacha répondit qu'il n'avait que deux bataillons disponibles. Ces bataillons furent envoyés à Telisch, mais ils ne purent pas dépasser Radomirtzé.

Le 28 octobre, 16 bataillons d'infanterie de la garde avec 66 canons cernèrent le village et les troupes turques. Celles-ci, après avoir subi un violent bombardement pendant trois heures consécutives, furent obligées de mettre bas les armes et de se rendre sans conditions; l'avant-garde de Chefket pacha à Radomirtzé était contenue par deux brigades de cavalerie.

Le nombre des prisonniers n'atteignit pas huit cents hommes; les deux tiers de l'effectif turc étaient hors de combat.

NOTE N° 12

Le 3 octobre, Suleiman pacha, commandant l'armée
de Chipka, arriva à Cadikeuï, près de Roustchouk,
pour remplacer Mehemed-Ali pacha comme commandant en chef des armées ottomanes en deçà et au delà
des Balkans.

Le tableau n° IV donne l'ordre de bataille de l'armée de Cadikeuï et l'effectif des forces turques dans la
Bulgarie orientale à la date du 9 octobre 1877 ; cet effectif ne subit guère de modifications jusqu'au mois de
décembre. A plusieurs reprises cependant la composition des corps d'armée fut modifiée, pour faciliter diverses opérations offensives contre l'armée russe commandée par le grand-duc héritier ; cette armée, qui
s'étendait depuis le Danube jusqu'aux Balkans, de
Roustchouk à Éléna, comprenait 7 divisions et demie
d'infanterie et 4 divisions de cavalerie, avec un certain
nombre de cosaques du Don ; soit : 88 bataillons d'in-

fanterie, 20 régiments de cavalerie et plus de 300 pièces d'artillerie de campagne. Ces opérations eurent pour résultat : la première bataille de Metchka (26 novembre), au sud-ouest de Roustchouk, dans laquelle l'armée turque bien inférieure en nombre fut repoussée ; la victoire et la prise d'Éléna le 4 décembre par l'aile gauche de l'armée turque, succès dont on ne sut pas profiter ; la deuxième bataille de Metchka (12 décembre), où l'aile droite de l'armée turque, toujours inférieure en nombre, fut battue de nouveau.

Après la chute de Telisch, la division de Chefket pacha s'était repliée sur Orkhanié ; elle occupait les positions d'Osikovo et d'Étropol. A la fin du mois d'octobre Mehemed-Ali pacha, chargé d'organiser l'armée de secours de Plevna, partit de Constantinople pour se rendre, par Salonique, à Sophia.

Son armée n'eut pas le temps de se réunir ; le général Gourko, à la tête d'un corps composé de trois divisions et demie d'infanterie et de sept régiments de cavalerie, prit l'offensive dans les Balkans ; il s'empara, le 2 novembre, de Teteven ; le 9, de Vratza, le 23, d'Osikovo et le 24 d'Étropol ; de sorte que l'armée de Mehemed-Ali pacha dut évacuer Orkhanié le 29 et reculer jusqu'à la passe de Baba-Konak.

(Voir, au tableau V, l'ordre de bataille et les effectifs de l'armée turque à la date du 7 décembre.)

NOTE N° 13

RECTIFICATION SOMMAIRE DES ERREURS QUI SE TROUVENT DANS LES OUVRAGES PUBLIÉS SUR LA SORTIE DE L'ARMÉE DE PLEVNA.

1° Russes et Turcs, GUERRE D'ORIENT.

Page 720, *col.* 2 : L'auteur dit que, le 19 novembre, Osman pacha envoya du côté des montagnes Vertes un parlementaire qu'il avait chargé de traiter la reddition de Plevna, et d'obtenir pour la garnison la faculté de sortir de la ville avec les honneurs de la guerre. Cette assertion est fausse ; le Muchir n'a jamais fait une pareille démarche.

Page 721, *col.* 2 : L'auteur parle de nombreux déserteurs turcs, tandis qu'au contraire il n'y en a eu qu'un très petit nombre.

Page 726, *col.* 1 : Lors de la sortie, la 1re division passa par les ponts pendant la nuit, et à l'aube elle se trouvait rangée en bataille dans la plaine de la rive gauche du Vid : l'auteur lui fait traverser la rivière à huit heures du matin.

2° Guerre d'Orient, par Amédée LEFAURE.

L'ordre de bataille turc donné par l'auteur est tout à fait inexact. Il mentionne 73 bataillons d'infanterie, 24 escadrons, 140 canons de campagne et de montagne et 27 de siège. Nous ne reviendrons pas sur l'effectif que nous avons déjà donné de l'armée ottomane, nous ferons remarquer seulement que l'auteur, plus bas, à la page 217 de son ouvrage, en énumérant le matériel conquis, ne mentionne plus que 77 bouches à feu.

TABLEAUX

D'ORDRE DE BATAILLE

TABLEAU N° 1.

ORDRE DE BATAILLE DU CORPS D'ARMÉE DE WIDDIN LE 13 JUILLET 1877.

Commandant en chef : Muchir OSMAN-NOURI PACHA.
Chef d'état-major : Général de brigade TAHIR PACHA.
Etat-major : Colonel TEVFIK BEY ; lieutenant-colonel HAÏRI BEY.
Médecin en chef : Colonel HASSID BEY.

Corps d'armée expéditionnaire.

1re DIVISION. Gal de division : HADJI-ADIL PACHA.

1re BRIGADE. Gal de brigade : AHMED-HIFZI PACHA.
— 1er régiment. Colonel : EMIN BEY — 2e régiment. Lieuten.-colonel : HUSNI BEY.

Unité	Bataillon / Régiment	Type	Armée
1er bataillon de chasseurs		Nizamié	5e armée.
1er — du 2e régiment		Idem	2e —
2e — du 2e —		Idem	2e —
3e — du 2e —		Idem	2e —
Bataillon de Simaw, 1er ban.	4e bat. du 2e rég.	Rédif	1re —
— — 2e ban.	Idem	Idem	1re —
Une batterie de campagne de 4 livres (2e régiment).			2e —
Un escadron du 3e régiment de cavalerie.		Nizamié	2e —

2e BRIGADE. Gal de brigade : KARA-ALI PACHA.
— 1er régiment. Lieuten.-colonel : KARA-MEHMED BEY — 2e régiment. Chef de bataillon : KIAZIM BEY.

Unité	Bataillon / Régiment	Type	Armée
Bataillon de Kianguéri, 2e ban.	2e bat. du 5e rég.	Rédif	2e armée.
— de Zafranboli, 1er ban. 2e —	du 4e —	Idem	2e —
— de Assi-Yozgad, 2e ban. 4e —	du 5e —	Idem	2e —
2e bataillon du 4e régiment.		Nizamié	2e —
Bataillon de Choumla, 2e ban.	1er bat. du 1er rég.	Rédif	2e —
— de Djouma, 2e ban. 2e —	du 1er —	Idem	5e —
Une batterie de campagne de 6 livres (2e régiment).			2e —
Un escadron du 3e régiment de cavalerie.		Nizamié	2e —

2e DIVISION. Gal de brigade : HASSAN-SABRI PACHA.

1re BRIGADE. Colonel : SAÏD BEY.
— 1er régiment. Lieuten.-colonel : YOUNOUS BEY — 2e régiment. Chef de bataillon : ISSA AGHA.

Unité	Bataillon / Régiment	Type	Armée
5e bataillon de chasseurs.		Nizamié	2e armée.
1er — du 4e régiment		Idem	1re —
2e — du 4e —		Idem	1re —
3e — du 4e —		Idem	
Bataillon de Tchoroum, 1er ban.	1er bat. du 6e rég.	Rédif	2e —
— de Yozgad, 1er ban. 3e —	du 6e —	Idem	2e —
Une batterie de campagne de 6 livres (2e régiment).			2e —
Un escadron du 3e régiment de cavalerie.		Nizamié	2e —

2e BRIGADE. Gal de brigade : SADYK PACHA.

Unité	Bataillon / Régiment	Type	Armée	
Bataillon de Silistrie, 1er ban.	2e bat. du 1er rég.	Rédif	2e armée.	
— de Kirchéhir, 1er ban. 2e —	du 6e —	Idem	2e —	
2e bataillon du 5e régiment.		Nizamié	2e —	Entre
Bataillon de Trébizonde, 1er ban,	1er bat. du 1er rég.	Rédif	Mer Noire.	Nicopoli
— d'Aïntab. 2e ban. 3e —	du 5e —	Idem	5e armée.	et
— de Naplouse, 1er ban. 3e —	du 2e —	Idem	5e —	Rahova.

L'organisation de cette division était toute temporaire : elle devait être organisée définitivement lors de la jonction avec les troupes se trouvant à Nicopoli sous les ordres du général de division Hassan-Haïri pacha (1).

Artillerie du corps. Colonel :

	Armée
Trois batteries de canons de 6 livres (2e régiment).	2e armée.
Deux batteries de canons de 4 livres (2e régiment).	2e —

Artillerie du corps. Colonel : AHMED BEY.	Trois batteries de canons de 6 livres (2e régiment)......................	2e armée.
	Deux batteries de canons de 4 livres (2e régiment)......................	2e —
	Une batterie de canons de 3 livres (2e régiment) de montagne...	2e —
Cavalerie du corps.	Colonel Osman bey. Trois escadrons du 3e régiment....................... Nizamié.	2e armée.

Troupes de garnison.

Général de division : MEDMED-IZZET PACHA.

Place forte de Widdin.	Bataillon Rasgrad....... 1er ban. bat. du rég. Dont 4 compagnies détachées au convoi du corps d'armée mobile. Rédif....	2e armée.
	— Rasgrad....... 2e ban. » » .... Idem ...	2e —
	— Zafranboli.... 2e ban. 2e — du 4e — Idem ...	2e —
	— Castamouni... 1er ban. 4e — du 4e — Dont 4 compagnies détachées à Adakalè..................... Idem ...	2e —
	— Tchoroum ..... 2e ban. 1er — du 6e — .... Idem ...	2e —
	— Kirchéhir...... 2e ban. 2e — du 6e — .... Idem ...	2e —
	— Yozgad .... 2e ban. 3e — du 6e — .... Idem ...	2e —
	— Tachkeupru.... 2e ban. 4e — du 6e — .... Idem ...	2e —
	— Trébizonde .... 2e ban. 1er — du 1er — .... Idem ...	Littoral mer Noire.
	— Tireboli....... 2e ban. 2e — du 2e — .... Idem ...	Id.
	— Gumuschhané .. 2e ban. 3e — du 2e — Envoyé plus tard à Plevna avec des munitions................. Idem ...	Id.
	— Akka......... 2e ban. 2e — du 3e — .... Idem ...	5e armée.
	— Idilib .... 2e ban. 3e — du 4e — .... Idem ...	5e —
	Une batterie de canons de 4. Un escadron du 3e régiment de cavalerie.......................	2e armée.
Belgradtchik ...	Bataillon Choumla...... 1er ban. bat. du rég. .... Rédif....	2e armée.
Adlió...........	Bataillon Tachkeupru ... 1er ban. 4e — du 6e — .... Idem ...	2e armée.
Lom-Palanka ...	Bataillon Zafranboli.... . 2e ban. 2e — du 4e — .... Idem ...	2e armée.
	— Of........... 2e ban. 3e — du 1er — .... Idem ...	Littoral mer Noire.
Rahova.........	Bataillon Surmené...... 1er ban. 2e — du 1er — .... Idem ...	Littoral mer Noire.
	— Of........... 2e ban. 3e — du 1er — .... Idem ...	Id.

(1) Le 2e bataillon du 5e régiment nizamié de la 2e armée se trouvait du côté de Nicopoli : il fut complètement dispersé lors de l'attaque de cette ville; ce bataillon fut ensuite reconstitué avec 150 soldats qui avaient réussi à se rendre à Plevna.

Les 3 derniers bataillons rédifs de la 2e brigade de la 2e division arrivèrent à Plevna le soir du 21 juillet, sous les ordres de Sadyk pacha.

TABLEAU N° 2.

ORDRE DE BATAILLE

de la division chargée de la reconnaissance vers Pelischat le 31 août.

Commandant en chef : Muchir Osman pacha.
Commandant en second : Férik Hassan-Sabri pacha.
État-major : Colonel Tewfik bey.

2e brigade.
Mirliva :
Tahir pacha.

1er régiment.
Lieutenant-colonel :
Abdoullah bey.

- 1er bataillon de chasseurs de la 5e armée.
- 1er bataillon du 5e régiment nizamié de la 3e armée.
- Bataillon rédif Monastir, 1er ban.
- — Ischtib, 1er ban.

2e régiment.
Lieutenant-colonel :
Raïf bey.

- Bataillon rédif Gumuschhané, 2e bau.
- 1er bataillon du 4e régiment nizamié de la 5e armée.
- Bataillon rédif Gumuldjina, 2e ban.

1re brigade.
Mirliva :
Emin pacha.

1er régiment.
Colonel :
Omer bey.

- 3e bataillon de chasseurs de la 1re armée.
- 1er bataillon du 2e régiment nizamié de la 3e armée.
- 2e bataillon du 2e régiment nizamié de la 3e armée.
- 3e bataillon du 2e régiment nizamié de la 3e armée.

2e régiment.
Lieutenant-colonel :
Mehmed-Nazif bey.

- 5e bataillon de chasseurs de la 3e armée.
- Bataillon rédif Trébizonde, 1er ban.
- — Silistrie, 1er ban.
- — Kianguéri, 1er ban.

3 batteries d'artillerie de campagne de 4 et 6 livres.
Mirliva : Ahmed pacha.

Cavalerie. . . . . . .

- 6 escadrons du 4e régiment de la 3e armée.
- 1 — 2e — 3e —
- 11 — du régiment auxiliaire de Salonique.
- 100 cavaliers irréguliers circassiens.

23 AOUT 1876. **ARMÉE DE L'EST. — CORPS D'ARMÉE DE RASGRAD.** TABLEAU No 3.

Commandant. — Muchir : AHMED-EYOUB PACHA.

État-major. — Colonels : MOUSTAFA BEY, MOUZAFFER BEY ; lieuten.-colonels : BESSIM BEY, ECHREF BEY ; capitaine : MEHMED-ALI EFFENDI.

Division	Brigade	Régiment	Unité		Armée	Effectif
1re DIVISION. Férik : NEDJIB PACHA.	1re BRIGADE. Mirliva : IBRAHIM PACHA.	1er régiment. Lieutenant-colonel : ISMAÏL BEY. 2e régiment. Lieutenant-colonel : IZZET BEY.	Bataillon rédif Sophia,	2e ban......	2e armée..	796
			— Philippopoli,	2e ban......	Idem.....	857
			— Lofdscha,	2e ban......	Idem.....	844
			— Andrinople,	3e ban......	Idem.....	802
			— Démotika,	3e ban......	Idem.....	758
			— Slivno,	3e ban......	Idem.....	775
	2e BRIGADE. Mirliva : NECHET PACHA.	1er régiment. Lieutenant-colonel : HUSSEIN BEY, puis HUSNI BEY. 2e régiment. Lieutenant-colonel : MOUSTAFA BEY.	1er bataillon, 1er régiment nizamié........		2e armée..	677
			2e — 1er —	......	Idem.....	804
			3e — 1er —	......	Idem.....	709
			Bataillon rédif Tirnova,	1er ban...	Idem.....	733
			— —	2e ban...	Idem.....	801
			— —	3e ban...	Idem.....	751
	Régiment de réserve. Colonel : MOUSTAFA BEY.		2e bataillon chasseurs nizamié........		2e armée...	805
			Bataillon rédif Sophia,	1er ban......	Idem.....	967
			— Philippopoli,	1er ban......	Idem.....	793
			— Lofdscha,	1er ban......	Idem.....	848
	ARTILLERIE.		3 batteries montées et une batterie à cheval................		Idem.....	600
2e DIVISION. Férik : FUAD PACHA.	1re BRIGADE. Mirliva : HADJI-RASCHID PACHA.	1er régiment. Colonel : AZMI BEY. 2e régiment. Lieutenant-colonel : ALI BEY.	1er bataillon, 3e régiment nizamié........		2e armée...	909
			2e — 3e —	......	Idem.....	878
			3e — 3e —	......	Idem.....	849
			Bataillon rédif Rizé,	2e ban.....	Mer Noire..	592
			— Philippopoli,	3e ban.....	2e armée...	778
			— Gazzé,	2e ban.....	5e armée...	799
			Bataillon auxiliaire Aïdin................		3e armée...	761
	2e BRIGADE. Mirliva : HABSAN PACHA.	1er régiment. Lieutenant-colonel : SAÏD BEY. 2e régiment. Colonel : RUSTEM BEY.	Bataillon rédif Brousse,	1er ban.....	1re armée..	798
			— Kirmasti,	1er ban.....	Idem.....	970
			— Koutahia,	1er ban.....	Idem.....	790
			Bataillon auxiliaire Constantinople.......		Idem.....	519
			Bataillon rédif Boli,	1er ban.....	2e armée...	893
			— Koteh-Hissar,	1er ban.....	Idem.....	705
			—	2e ban.....	Idem.....	774
			Bataillon auxiliaire Aïdin................		3e armée..	604
	ARTILLERIE.		3 batteries montées et une section de montagne............		2e armée..	500
	CAVALERIE.		4 escadrons du 3e régiment nizamié. — Colonel : ISMAÏL BEY.....		1re armée..	388
		1er régiment. Lieutenant-colonel :	Bataillon rédif Ballkesser,	2e ban......	1re armée..	671
			— Nigdé,	2e ban......	Idem.....	630
			— Samsoun,	2e ban......	Mer Noire..	426

ARTILLERIE.		3 batteries montées et une section de montagne..................		2e armée...	500
CAVALERIE.		4 escadrons du 3e régiment nizamié. — Colonel : ISMAÏL BEY......		1re armée..	388
3e DIVISION. Férik : ASSAF PACHA.	1re BRIGADE. Mirliva : OSMAN PACHA.	1er régiment. Lieutenant-colonel : NOURI BEY.	Bataillon rédif Balikosser,	2e ban...... 1re armée..	671
			— Nigdé,	2e ban...... Idem.....	630
			— Samsoun,	2e ban...... Mer Noire..	426
			— Inéboli.	2e ban...... Idem....	727
		2e régiment. Lieutenant-colonel : ISMAIL BEY.	Bataillon rédif Ada-Bazar,	2e ban...... 1re armée..	885
			— Sinope,	2e ban...... Mer Noire..	652
			— Eregli,	2e ban...... Idem.....	554
	2e BRIGADE. Mirliva : RÉCHID PACHA.	1er régiment. Lieutenant-colonel : AHMED BEY.	Bataillon rédif Brousse,	3e ban...... 1re armée..	901
			— Kirmasti,	3e ban...... Idem.....	761
			— Choumla,	3e ban...... 2e armée..	831
			— Razgrad,	3e ban...... Idem....	854
		2e régiment. Lieutenant-colonel : ATTA BEY.	Bataillon rédif Eski-Chéhir,	3e ban...... 1re armée..	893
			— Demotika,	2e ban...... 2e armée..	783
			— Hasskeuï,	2e ban...... Idem.....	857
	Régiment de réserve. Colonel : SAADEDDIN BEY.	1er bataillon du 2e régiment nizamié.....		1re année..	802
		2e bataillon du 2e régiment nizamié......		Idem.....	808
	ARTILLERIE	3 batteries montées, dont 1 à 5 canons		2e armée.	
		1 batterie à cheval		1re armée..	575
	CAVALERIE	6 escadrons du 2e régiment nizamié.........................		....	647
		165 Circassiens auxiliaires...............................		....	165
RÉSERVE GÉNÉRALE.		5e bataillon de chasseurs nizamié........		1re armée..	768
		3 batteries à cheval..............................		....	460
DIVISION DE CAVALERIE. Mirliva : KÉRIM PACHA.		3 escadrons du 1er régiment. Lieutenant-colonel : BEKER BEY.....		5e armée..	259
		6 — du 4e régiment. Colonel : HASSAN BEY...............		Idem....	526
		8 — de gendarmes d'Andrinople............................		....	613
		1 — de l'Ecole militaire...............................		....	123
		Circassiens auxiliaires.............		....	288
		Auxiliaires de Choumla...........		....	276
		— d'Aïdin..........................		....	160

EFFECTIFS .... { 37,342 fantassins. 3,245 cavaliers. 2,135 artilleurs. } 42,722 hommes avec 85 canons.

9 OCTOBRE 1877. TABLEAU N° 4.

ARMÉE DU DANUBE.

Camp de Cadikeuï (près Roustchouk.)

Commandant en chef : Muchir Suléiman pacha. — Commandant en second : Férik Fazli pacha.

Chef d'état-major : Mirliva Husni pacha.

État-major. — Colonel : Moustafa-Izzet bey ; lieutenant-colonel : Bessim bey ; chefs d'escadrons : Bedri bey et Zekki bey ; capitaines : Mehmed-Ali effendi, Adni effendi.

Division	Brigade	Régiment	Unité		Armée	Effectif
1re DIVISION. Férik : Fuad pacha. Chef d'état-major : Lieutenant-colonel Echref bey.	**1re BRIGADE.** Mirliva : Hadji-Raschid pacha.	1er régiment.	Nizamié, 1er bataillon du 3e régiment.....		1re armée..	488
			— 2e — du 3e —	...	Idem....	588
			— 3e — du 3e —	....	Idem....	696
		2e régiment. Lieutenant-colonel : Nouri bey.	Rédif, bataillon Rizé,	2e ban.....	Mer Noire.	385
			— — Gazzé,	2e ban.....	5e armée..	620
			— — Philippopoli,	3e ban.....	2e armée..	624
			Auxiliaire bataillon Aïdin.............		3e armée..	717
	2e BRIGADE. Mirliva : Azmi pacha	3e régiment. Colonel : Rustem bey.	Rédif, bataillon Brousse,	1er ban.....	1re armée..	697
			— — Kirmasti,	1er ban ...	Idem....	864
			— — Koutahia,	1er ban ...	Idem....	677
			— — Boli,	1er ban ...	2e armée..	669
		4e régiment. Lieutenant-colonel : Saïd bey.	— — Koteb-Hissar,	1er ban ...	Idem....	550
			— —	2e ban ...	Idem....	581
			Auxiliaire bataillon Constantinople......		....	437
		5e régiment de réserve. Colonel : Moustafa-Remzi bey.	Nizamié, 2e chasseurs.............		2e armée..	652
			Rédif, bataillon Sophia,	1er ban.....	Idem....	725
			— — Philippopoli,	1er ban.....	Idem....	620
			— — Lofdscha,	1er ban.....	Idem....	660
	CAVALERIE..........		1 escadron du 3e régiment nizamié............		1re armée..	82
	ARTILLERIE. Lieutenant-colonel : Ahmed bey.		2e batterie du 4e bataillon du régiment de réserve, canons 6 frettés.		1re armée..	146
			3e — 4e — — — 6......		Idem....	148
			1re — 4e — — — 4......		Idem....	142
			2e — 1er — — — 4......		2e armée..	154
	1re BRIGADE. Mirliva : Ibrahim pacha.	1er régiment. Lieutenant-colonel : Ismail-Fikri bey.	Rédif, bataillon Sophia,	2e ban.....	2e armée..	579
			— — Philippopoli,	2e ban.....	Idem....	617
			— — Lofdscha,	2e ban.....	Idem....	592
		2e régiment. Colonel : Osman bey.	Nizamié, 1er bataillon du 1er régiment.....		5e armée..	674
			— 2e — du 1er —	...	Idem....	684
			— 3e — du 1er —	...	Idem....	594
			Auxiliaire bataillon Altouni-Zadé.......		Idem....	586
		3e régiment. Lieutenant-colonel :	Nizamié, 1er bataillon du 2e régiment.....		1re armée..	624
			— 3e — du 2e —	....	Idem....	592

Division	Brigade / Corps	Régiment — commandant	Bataillon	Armée	N°
		Colonel : OSMAN BEY.	— 3e — du 1er —	Idem.....	571
			Auxiliaire bataillon Altouni-Zadé.........	....	586
2e DIVISION. Férik : ASSAF PACHA. Chef d'état-major. Lieutenant-colonel : SAADEDDIN BEY.	2e BRIGADE. Colonel : OSMAN BEY.	3e régiment. Lieutenant-colonel : ZIHNI BEY.	Nizamié, 1er bataillon du 2e régiment.....	1re armée..	624
			— 3e — du 2e —	Idem.....	592
			Rédif Rasgrad, 3e ban.............	2e armée..	691
		4e régiment. Lieutenant-colonel : NUSRET BEY.	— Damas, 2e ban.............	5e armée..	713
			— Beyrouth, 2e ban.............	Idem.....	621
			— Jérusalem, 2e ban.............	Idem.....	587
			Auxiliaire Cheich.............	....	634
		5e régiment de réserve. Lieutenant-colonel : OSMAN BEY.	Rédif, bataillon Antalia, 3e ban.....	1re armée..	700
			— — Gazzé, 3e ban.....	5e armée..	582
			— — Homs, 3e ban.....	Idem.....	461
			— — Naplouse, 3e ban.....	Idem.....	642
	ARTILLERIE. Lieutenant-colonel : ALI BEY.		3e batterie du 2e bataillon du 2e régiment, canons 6.............	2e armée..	151
			3e — 2e — 5e — — 6.........	5e armée..	146
			3e — 1er — 2e — — 4.........	2e armée..	148
			1re — 1er — 2e — — 4.........	Idem.....	144
			Une demi-batterie de montagne, — 3.........	Idem.....	32
	CAVALERIE.........		2 escadrons de gendarmes d'Andrinople.........	....	120
3e DIVISION. Férik : NEDJIB PACHA, Chef d'état-major. Lieutenant-colonel : DJÉVAD BEY.	1re BRIGADE. Mirliva : OSMAN PACHA	1er régiment. Lieutenant-colonel : ISMAIL BEY.	Rédif, bataillon Balikesser, 2e ban.....	1re armée..	575
			— — Nigdé, 2e ban.....	Idem.....	560
			— — Incboli, 2e ban.....	Mer Noire.	462
			— — Ada-Bazar, 3e ban.....	1re armée..	723
		2e régiment. Lieutenant-colonel. NOURI BEY.	— — Sophia, 3e ban.....	2e armée..	371
			— — Eregli, 2e ban.....	Mer Noire.	423
			Auxiliaire, 1er bataillon Sultanié.........	....	532
			— 2e — —	....	504
	2e BRIGADE. Mirliva : RÉCHID PACHA.	3e régiment. Lieutenant-colonel AHMED-FEHMI BEY.	Nizamié, 5e chasseurs,.............	1re armée..	687
			Rédif, bataillon Brousse, 3e ban.....	Idem.....	800
			— — Kirmasti, 3e ban.....	Idem.....	657
			— — Choumla, 3e ban.....	2e armée..	714
		4e régiment. Lieutenant-colonel : ATTA BEY.	— — Eski-Chehir, 3e ban.....	1re armée..	783
			— — Démotika, 2e ban.....	2e armée..	661
			— — Hasskouï, 2e ban.....	Idem.....	652
			Auxiliaire bataillon Aïdin.............	....	573
	CAVALERIE.........		2 escadrons de gendarmes d'Andrinople.........	....	120
	ARTILLERIE. Colonel : MOUSTAFA BEY.		1re batterie du 2e bataillon du 2e régiment, canons 6 frettés.........	1re armée..	110
			3e — 3e — 2e — — 6.............	Idem.....	108
			1re — 1er — 1er — — 4.............	Idem.....	106
			1re — 1er — 2e — — 4.............	Idem.....	100

ARMÉE DU DANUBE (suite).

4° DIVISION. Férik : SABIT PACHA. Chef d'état-major. Lieutenant-colonel : OMER-RUCHDI BEY.	1re BRIGADE. Mirliva : ASSIM PACHA.	1er régiment.	Nizamié, 2e bataillon du 6e régiment..... 1re armée.. 668
			Rédif, bataillon Eski-Chéhir, 2e ban..... Idem 632
			— — Kaissarié, 1er ban..... Idem 874
		2e régiment. Lieutenant-colonel : MOUSTAFA BEY.	— — Tachkeupru, 3e ban..... 2e armée.. 786
			— — Tchoroum, 3e ban..... Idem 833
			— — Kirchéhir, 3e ban..... Idem 600
			— — Yozgad, 3e ban..... Idem 654
	2e BRIGADE. Mirliva : HASSAN PACHA.	3e régiment. Lieutenant-colonel : HUSNI BEY.	Nizamié, 1er bataillon du 1er régiment.... 2e armée.. 419
			— 2e — du 1er — .... Idem 396
			— 3e — du 1er — .... Idem 418
		4e régiment. Lieutenant-colonel : MOUSTAFA BEY.	Rédif, bataillon Tirnova, 1er ban..... Idem 588
			— — — 2e ban..... Idem 631
			— — — 3e ban..... Idem 604
	CAVALERIE..........		2 escadrons de gendarmes à cheval d'Andrinople............... 2e armée.. 120
			2 — du 2e régiment............................. 140
	ARTILLERIE..........		1re batterié du 4e bataillon du 1er régiment, canons 6........... 5e armée.. 140
			2e — 4e — 1er — 6........... Idem 140
			3e — 4e — 1er — 4........... Idem 130

CAVALERIE. Mirliva : KÉRIM PACHA. Chef d'escadron d'état-major : HASSAN BEY.	Nizamié, 6 escadrons du 2e régiment.... 1re armée.. 582
	— 4 — du 3e — .... Idem 356
	— 3 — du 1er — .... 2e armée.. 258
	— 6 — du 4e — .... 5e armée.. 486
	— 1 — de l'Ecole militaire. 114
	Auxiliaires Polonais................ 30
	— Circassiens................ 260
	— Aïdin................ 146
	— Choumla................ 112

ARTILLERIE DE CORPS. Colonel : MEHMED BEY.	1re batterie à cheval du régiment de réserve, canons 4 frottés..... 1re armée.. 128
	2e — — — 4........... Idem 132
	3e — — — 4........... Idem 136

EFFECTIFS.......	Infanterie............. 40,251	
	Cavalerie........... 3,026	45,458 hommes avec 111 canons.
	Artillerie........... 2,181	

Garnison de Roustchouk . . . . Commandant : Amiral Kaïsserli-Ahmed pacha. — Chef d'état-major : Colonel Emin bey. — Commandant de l'artillerie : Colonel Abdurrahman bey.
12 bataillons d'infanterie nizamié et rédifs ; — 5 bataillons de garde nationale ; — Artillerie de place.
Division mobile. — Férik : Moustafa-Seïfi pacha.
8 bataillons d'infanterie, dont 3 égyptiens : — 5 escadrons de cavalerie ; — Circassiens auxiliaires ; — 8 pièces de canon de campagne, — soit 10,218 infanterie, 450 cavalerie, 910 artillerie = *11,608* hommes.

Tourloukaï . . . . Artillerie de place, 200 hommes ; — 3 escadrons de cavalerie, 270 hommes = *470* hommes.
Corps d'armée de Djouma . . . . Commandant : férik Salih pacha.
23 bataillons d'infanterie, dont 8 égyptiens (14,168 hommes) ; — 5 batteries d'artillerie (550 hommes, 30 canons) ; 12 escadrons de cavalerie (1080 hommes), — soit *15,798* hommes.
Osman-Bazar . . . . 9 bataillons et une batterie = *5,544* hommes et 6 canons.
Balkans (Kazan et Slwno) . . . . 2 bataillons = *1232* hommes.
Garnison de Silistrie . . . . Commandant : férik Sélami pacha.
12 bataillons d'infanterie (7,392 hommes) ; — 3 escadrons de cavalerie (270 hommes) ; — Artillerie (800 hommes) = *8,462* hommes.
Garnison de Varna . . . . Commandant : férik égyptien Réchid pacha.
12 bataillons d'infanterie (7,392 hommes) ; — Artillerie (800 hommes).
Division de Hadji-Oghlou-Bazardjik. 10 bataillons d'infanterie (6,160 hommes) ; — 6 escadrons de cavalerie (540 hommes) ; 3 batteries d'artillerie (330 hommes) = *7,030* hommes, avec 18 canons.
Garnison de Choumla . . . . 15 bataillons d'infanterie (9,240 hommes) ; — 4 escadrons de cavalerie (360 hommes) ; — Artillerie (1200 hommes) = *10,800* hommes.
Rasgrad . . . . 1 bataillon d'infanterie = *300* hommes

RÉCAPITULATION.

	Hommes.	Canons.
Armée de Cadikeuï	45,458	111
Roustchouk	11,608	8
Corps d'armée de Djouma	15,798	30
Brigade d'Osman-Bazar	5,544	6
Silistrie	8,462	6
Division de Bazardjik	7,030	18
Divers	20,944	24
Totaux	114,844	203

ARMÉE DE L'OUEST.

Passe de Baba Conak. — Kamarli.

Commandant : Muchir MEHMED-ALI PACHA.

État-major. — Colonels : ZIA BEY, MOUZAFFER BEY, OMER BEY; chefs d'escadrons : NAZIM BEY, CHAKIR BEY, IZZET BEY.

Division	Brigade	Régiment	Unité	Armée	Effectif
1re DIVISION. Férif : CHAKIR PACHA.	1re BRIGADE. Mirliva : IBRAHIM PACHA.	1er régiment. Lieutenant-colonel : MOUSTAFA BEY; puis colonel SALIH BEY.	Nizamié, 1er bataillon du 1er régiment Bosnie.	3e armée..	468
			— 2e — 1er — ..	Idem.....	518
			— 3e — 1er — ..	Idem....	516
			Rédif, bataillon Kianguori, 3e ban......	2e armée.	607
		2e régiment. Lieutenant-colonel : KIAMIL BEY.	— — Eregli, 2e ban......	1re armée..	402
			— — Uskub, 3e ban......	3e armée..	587
			— — Tiré, 2e ban......	Idem.....	606
	2e BRIGADE. Mirliva : MEHMED ZEKKI PACHA.	3e régiment. Lieutenant-colonel : AHMED CHUKRI BEY.	Nizamié, 3e bataillon du 4e régiment, ...	5e armée..	390
			Rédif, bataillon Salonique, 1er ban.....	3e armée..	650
			— — Pergama, 1er ban.....	1re armée..	280
			— — Ourfa, 3e ban.....	5e armée..	310
		4e régiment. Colonel : KIAMIL BEY.	— — Ourfa, 1er ban.....	Idem....	329
			— — Jérusalem, 3e ban.....	Idem....	280
			Moustahfiz, bataillon Kaissarié.	1re armée..	230
		5e régiment. Lieutenant-colonel : NAZIM BEY.	Nizamié, 2e bataillon du 3e régiment......	3e armée..	634
			Rédif, bataillon Drama, 1er ban......	Idem.....	580
			— — Andrinople, 3e ban......	2e armée..	480
	ARTILLERIE...........	2 batteries montées..	....	3e armée..	250
	3e BRIGADE. Mirliva : CHUKRI PACHA.	1er régiment. Lieutenant-colonel : CHEFKI BEY.	Nizamié, 1er bataillon de chasseurs........	1re armée..	306
			Rédif, bataillon Tchoroum......	2e armée..	600
			Moustahfiz, bataillon Boli.	Idem....	350
			Rédif, bataillon Tarsis......	5e armée..	410
		2e régiment. Lieutenant-colonel : ALI BEY.	Nizamié, 3e bataillon du 3e régiment........	Idem....	391
			Rédif, bataillon Tiran, 1er ban......	3e armée..	466
			Moustahfiz, bataillon Sandoukli...........	1re armée..	663
2e DIVISION.		3e régiment. Lieutenant-colonel : IZZET BEY:	Nizamié, 2e bataillon de chasseurs Bosnie....	3e armée..	580
			Moustahfiz, bataillon Karahissar.	1re armée..	300
			Rédif, bataillon Elbassan. 2e ban......	3e armée..	350

				Armée	Effectif
	Lieutenant-colonel : ALI BEY.		Moustahfiz, bataillon Sandoukli..........	1re armée..	663
2e DIVISION. Férik : REDJEB PACHA.	1re BRIGADE. Colonel : NAZIF BEY.	3e régiment. Lieutenant-colonel : IZZET BEY : puis MOUSTAFA BEY.	Nizamié, 2e bataillon de chasseurs Bosnie....	3e armée..	580
			Moustahfiz, bataillon Karahissar....	1re armée..	300
			Rédif, bataillon Elbassan, 2e ban....	3e armée..	350
			Moustahfiz, bataillon Tchoroum....	2e armée..	370
		4e régiment. Lieutenant-colonel : ALI BEY.	Rédif, bataillon Beyrouth, 1er ban....	5e armée..	320
			Moustahfiz, bataillon Kiangueri, 2e ban....	2e armée..	600
			— — Nigdé....	1re armée..	582
		5e régiment. Commandant : AHMED BEY.	Rédif, bataillon Ischtib, 3e ban....	3e armée..	580
			Moustahfiz, bataillon Eregli,....	1re armée..	510
			— — Prichtina....	3e armée..	420
	ARTILLERIE....	2 batteries montées...		3e armée..	250
RÉSERVE.....	5e BRIGADE. Mirliva : BAKER PACHA.	1er régiment. Lieutenant-colonel : ISLAM BEY.	Rédif, bataillon Uskub, 1er ban....	3e armée..	550
			Moustahfiz, bataillon Eski-Chehir....	1re armée..	250
			Rédif, bataillon Tripoli. 2e ban....	5e armée..	529
			Moustahfiz, bataillon Nisch. 1er et 2e ban,	2e armée..	328
			— — — 3e ban....	Idem....	340
		2e régiment. Lieutenant-colonel : EMIN BEY.	Rédif, bataillon Touzla (Bosnie), 1er ban....	3e armée..	750
			Moustahfiz, bataillon Prizrend....	Idem....	800
			Rédif, bataillon Jérusalem, 1er ban....	5e armée..	470
			— Prizrend, 1er ban....	3e armée..	800
	ARTILLERIE....	2 batteries montées...		3e armée..	250
CAVALERIE.....		Nizamié, 6 escadrons du 3e régiment....		5e armée..	600
		— 5 — 3e —		3e armée..	500
		— 1 — 2e —		Idem....	48
		— 1 — 4e —		Idem....	72
		— 1 — régiment des Cosaques ottomans....		1re armée..	13
		Auxiliaires, 4 — Fethié Circassiens....		....	200
		— 2 — Nusretié Circassiens....		....	200
		— 1 — Sélimié Circassiens....		....	100
		— volontaires de Balikesser....		....	114
		— — Alep....		....	300
		— — Smyrne....		....	30
		— — Eski-Chehir....		....	73
		— — Aïdin....		....	16

EFFECTIFS. Infanterie.... 20,752 ; Cavalerie.... 2,326 ; Artillerie.... 750 } soit *23,828 hommes avec 36 canons.*

ARMÉE DE L'OUEST (*suite*).

Garnison de Sophia. . . . . Commandant : férik Mehmed pacha.
5 bataillons d'infanterie, 2,500 hommes. — 3 escadrons de cavalerie, 230 hommes. — Une batterie d'artillerie, 120 hommes. — Soit *2,850 hommes et 6 canons.*

Brigade de Loutikovo . . . . Commandant : Mirliva Ali pacha.
5 bataillons d'infanterie, 2,400 hommes. — Une batterie d'artillerie, 120 hommes. — Soit *2,520 hommes et 6 canons.*

Brigade de Pirot . . . . Commandant : Mirliva Yahia pacha.
5 bataillons d'infanterie, 2,700 hommes. — Une batterie d'artillerie, 120 hommes. — Soit *2,820 hommes et 6 canons.*

Passe de Dorouk . . . . Commandant : Lieutenant-colonel Réfik bey.
3 bataillons d'infanterie, 1500 hommes. — Une batterie d'artillerie, 120 hommes. — Soit *1620 hommes et 6 canons.*

Brigade de Slatitza . . . . Commandant : Colonel Omer bey, puis mirliva Iskender pacha.
11 bataillons d'infanterie, 5,218 hommes. — Cavalerie auxiliaire, 400 hommes. — 8 pièces de montagne, 100 hommes. — Soit *5,718 hommes et 8 canons.*

RÉCAPITULATION.

	Hommes.	Canons.
Corps d'armée de Kamarli	23,828	36
Garnison de Sophia	2,850	6
Brigade de Loutikovo	2,520	6
Brigade de Pirot	2,820	6
Passe de Dorouk	1,620	6
Brigade de Slatitza	5,718	8
Totaux	39,356	68

TABLEAU N° 6.

ORDRE DE BATAILLE DE L'ARMÉE DE PLEVNA

POUR LA SORTIE DU 10 DÉCEMBRE (1).

Commandant. — Muchir : Ghazi Osman pacha.

Chef d'état-major. — Mirliva : Tahir pacha. — Commandant de l'artillerie. — Mirliva : Arab Ahmed pacha.

Etat-major. — Colonel : Vely bey ; lieutenant-colonel : Tahir bey ; chef d'escadrons : Hakki bey (détachés dans les divisions).

Médecin en chef. — Colonel : Hassib bey.

1re DIVISION.
Commandant en second.
Mirliva : Tahir pacha.
Etat-major.
Colonel : Vely bey ;
lieutenant-colonel : Tahir bey.

1re BRIGADE. — Mirliva : Atouf pacha.

1er régiment. Lieutenant-colonel : Raïf bey.

Nizamié, 1er bataillon du 2e régiment			3e armée.
— 2e — 3e —			3e —
— 3e — 2e —			3e —
Rédif, bataillon Ischtib,		1er ban	3e —

2e régiment. Lieutenant-colonel : Eyoub bey.

— — Inéboli,		1er ban	Mer Noire.
— — Gumuldjina,		2e ban	2e armée.
— — Yozgad,		1er ban	2e —
— — Drama.		2e ban	3e —

Deux batteries d'artillerie de campagne, soit 12 canons (2).

2e BRIGADE. — Colonel : Younous bey.

1er régiment. Colonel : Zihni bey.

Nizamié, 1er bataillon du 4e régiment			2e armée.
— 2e — 4e —			2e —
— 3e — 4e —			2e —
Rédif, bataillon Silistrie,		1er ban	2e —

Deux batteries d'artillerie de campagne.

2e régiment. Lieutenant-colonel : Abdoullah bey.

Rédif, bataillon Nisch,		1er ban	2e armée.
— — —		2e ban	2e —
— — Kianguéri,		1er ban	1re —
— — Prizrend,		1er et 2e ban	3e —

Deux batteries d'artillerie de campagne.

(1) L'armée de Plevna, avant d'être répartie en 57 bataillons, comptait 71 bataillons, non compris celui des volontaires de l'Union ottomane, attaché au quartier général, et 4 compagnies de celui de Razgrad employées au service des voitures. Par conséquent, 14 bataillons, choisis parmi les plus faibles, furent incorporés dans les autres. En comprenant 6 bataillons faits prisonniers au Grand-Doubniak et 6 autres à Tolisch, on trouve que la force maxima de l'armée de Plevna a été de 84 bataillons. Sept des bataillons incorporés ont été mentionnés dans le tableau de l'ordre de bataille ; les sept autres furent : ceux de moustahfiz, 2e ban de Kirahöhir ; moustahfiz Guimuldjina, de la 2e armée ; moustahfiz de Nigdé, de la 1re ; rédifs de Prizrend, 3e ban ; de Fotcha, 1er et 2e ban de la 3e ; et moustahfiz Tiréboli, du littoral de la mer Noire.

(2) Chaque batterie se composait de 6 pièces Krupp de 6 ou 4 livres.

ORDRE DE BATAILLE DE L'ARMÉE DE PLEVNA

POUR LA SORTIE DU 10 DÉCEMBRE (*suite*).

1re DIVISION.
Commandant en second.
Mirliva :
TAHIR PACHA.
État-major.
Colonel : VELY BEY ;
lieutenant-colonel :
TAHIR BEY.
(*Suite.*)

3e BRIGADE.
Mirliva :
TEVFIK PACHA.

1er régiment. Lieutenant-colonel : MEHMED-NAZIF BEY.

Nizamié, 5e bataillon de chasseurs...............		2e armée.
Rédif, bataillon Monastir,	2e ban...........	3e —
— — Tchoroum,	1er ban...........	2e —
— — Prichtina,	2e et 3e ban....	3e —

2e régiment. Lieutenant-colonel : RASSIM BEY.

— — Angora,	1er et 3e ban ...	2e —
— — Gumuschhané,	2e ban...........	2e —
— — Bey-Bazar,	1er et 2e ban....	2e —
— — Eregli,	1er ban...........	Mer Noire.

Deux batteries d'artillerie.

4e BRIGADE.
Colonel :
SAÏD BEY (1).

1er régiment. Lieutenant-colonel : PERTEW BEY.

Nizamié, 1er bataillon du 5e régiment...........		2e armée.
— 2e — 5e —	....	2e —
— 3e — 5e —	....	2e —
Rédif, bataillon Assi-Yozgad,	3e ban...........	2e —
— — Bey-Bazar,	3e ban...........	2e —

2e régiment. Lieutenant-colonel : ALI BEY.

Nizamié, 3e bataillon de chasseurs...........		1re armée.
Rédif, bataillon Milas,	3e ban...........	3e —
— — Tiréboli,	1er ban...........	Mer Noire.
— — Serrès,	2e ban...........	3e armée.
Auxiliaire, bataillon Aïdin.................		3e —

Deux batteries d'artillerie de campagne.
3 canons de montagne.
9 canons de campagne.

1re BRIGADE.
Mirliva :
HUSSEIN-WASFI PACHA.

1er régiment. Lieutenant-colonel : NATOUH BEY.

Nizamié, 1er bataillon de chasseurs.............		5e armée.
— 1er — du 7e régiment............		1re —
Moustahfiz, bataillon Ada-Bazar,	2e ban...........	1re —
Rédif, bataillon Simaw,	2e ban...........	1re —
— — Nigdé,	2e ban...........	1re —

2e régiment. Lieutenant-colonel : HOURCHID BEY.

Nizamié, 3e bataillon du 6e régiment............		2e —
Rédif, bataillon Kianguéri,	2e ban...........	2e —
Moustahfiz, bataillon Spatta,	1er ban...........	1re —
Rédif, bataillon Aïntab,	2e ban...........	5e —
— — Kilis,	2e ban...........	5e —

Deux batteries d'artillerie de campagne.

Nizamié, 1er bataillon du 3e régiment............ 1re armée.

—	—	Kilis.	2e ban........	5e	—

Deux batteries d'artillerie de campagne.

2e DIVISION.
Commandant.
Férik : ADIL PACHA.
Etat-major.
Colonel : HAÏRI BEY;
commandant :
HAKKI BEY.

2e BRIGADE.
Mirliva :
SADYK PACHA

1er régiment.
Colonel :
HAFOUZ BEY.

Nizamié, 1er bataillon du 3e régiment..........		1re armée.	
— 2e — 3e —		1re	—
— avec moustahfiz Magnésie...........		3e	—
— 3e bataillon du 3e régiment.........		1re	—
— avec moustahfiz Magnésie........		3e	—
Rédif, bataillon Simaw, 1er ban........		3e	—
— — Moustahfiz-Sérès.............		3e	—

2e régiment.
Lieutenant-colonel :
LATIF BEY.

— — Slivno, 1er ban........		2e	—
— — Assi-Yosgad, 2e ban........		2e	—
— — Choumla, 2e ban........		2e	—
— — Kirchéhir, 1er ban........		2e	—

Deux batteries d'artillerie de campagne.

3e BRIGADE.
Mirliva :
EDHEM PACHA (2).

1er régiment.
Lieutenant-colonel :
MEHMED-KIAZIM BEY.

Nizamié, 2e bataillon du 4e régiment..........		2e armée.	
— 2e — de chasseurs..............		2e	—
— 2e — du 6e régiment..........		2e	—
Rédif, bataillon Zafranboli.................		2e	—

2e régiment.
Colonel :
SULEIMAN BEY.

Nizamié, 3e bataillon du 5e régiment..........		2e	—
— 3e — 2e —		5e	—
Rédif, bataillon Naplouse, 2e ban........		5e	—
— — Djeunis, 2e ban........		5e	—
— — Koula, 2e ban........		5e	—

Deux batteries d'artillerie de campagne.

CAVALERIE (3)........

régulière nizamié.....	5 escadrons	du 3e régiment...	2e armée.	
	4 —	du 4e —	3e	—
	2 —	du régiment des Cosaques ottomans.	1re	—
auxiliaire...........	11 —	de Salonique et Sérès...........		
	1 —	escadron de Vodena...........		

GÉNIE (4)........... | 3 compagnies.

---

(1) Cette 4e brigade, chargée de l'escorte du convoi, s'appelait brigade du convoi.
(2) Cette 3e brigade, marchant la dernière, s'appelait brigade d'arrière-garde.
(3) L'effectif des 23 escadrons mentionnés dans le tableau s'élevait à environ 1300 cavaliers. Ils furent employés comme éclaireurs, ou flanqueurs dans les marches, et comme estafettes à l'intérieur du camp.
(4) L'effectif des trois compagnies du génie s'élevait à 80 hommes.

TABLEAU No 7.

Tableau statistique des pertes subies par les bataillons de l'armée de l'Est pendant une période de 47 jours.

ARMÉES.	EFFECTIFS.		PERTES.	PERTE p. 100.
	23 août 1877.	9 octobre 1877.		
Bataillons nizamiés.				
1re armée. 5e chasseurs	768	637	131	17
2e régiment, 1er bataillon	802	624	178	22
— — 2e —	808	592	216	26.7
2e armée. 1er — 1er —	677	419	158	25
— 1er — 2e —	804	396	408	50
— 1er — 3e —	709	418	291	41
— 3e — 1er —	909	488	421	46
— 3e — 2e —	878	588	290	33
— 3e — 3e —	849	696	153	18
Bataillons rédifs Mokaddem (1er ban).				
1re armée. Brousse	798	697	101	12
— Kirmasti	970	864	106	11
— Koutahia	790	677	113	14
2e armée. Tirnova	733	588	145	20
— Boli	898	669	229	25
— Kochhissar	705	550	155	22
Bataillons rédifs Tali (2e ban).				
1re armée. Nigdé	630	560	70	11
— Balikesser	671	575	96	14
2e armée. Tirnova	801	631	170	21
— Démotika	783	661	122	15
— Hasskeuï	857	652	205	25
— Sophia	796	579	217	27
— Philippopoli	857	617	240	28
— Lofdscha	844	598	246	29
— Kochhissar	774	587	187	24

ARMÉES.	EFFECTIFS.		PERTES.	PERTE p. 100.
	23 août 1877.	9 octobre 1877.		

Bataillons rédifs tali (2e ban).

(Suite).

ARMÉES.	23 août 1877.	9 octobre 1877.	PERTES.	PERTE p. 100.
5e armée. Gazzé	799	620	179	22
Mer Noire. Rizé	592	380	212	36
— Inéboli	727	462	265	36
— Erégli	554	423	131	23

Bataillons rédifs Salissé (3e ban).

ARMÉES.	23 août 1877.	9 octobre 1877.	PERTES.	PERTE p. 100.
1re armée. Eski-Chéhir	893	783	110	12
— Brousse	901	800	101	11
— Kirmasti	761	657	104	14
2e armée. Choumla	831	714	117	14
— Rasgrad	854	691	163	19
— Tirnova	751	604	147	19
— Philippopoli	778	624	154	19

Moyenne des pertes : 23 pour 100.

TABLE DES MATIÈRES

CHAPITRE III.

Événements survenus depuis le 31 juillet jusqu'au 7 septembre.

CHAPITRE IV.

Combats livrés du 7 au 12 septembre.

CHAPITRE V.

Événements survenus depuis le 13 septembre jusqu'au 24 octobre 1877.

CHAPITRE VI.

Événements survenus pendant les derniers jours.

CHAPITRE VII.

Sortie de l'armée de Plevna.

ANNEXES ET TABLEAUX.

TABLEAUX.

ERRATA

Page.	Ligne.	Au lieu de :	Lire :
8	21	Issaagha	Issa agha
—	22	résister à une vigoureuse attaque	résister à une attaque vigoureuse
—	28	faire parvenir l'autorisation nécessaire	faire parvenir l'autorisation d'agir
26	13	Vladikavkas	Vladikavkass
51	25	leur servir de ligne	servir de ligne
63	11,17	Kirmezitépé	Kirmezi tépé
81	3	Visch	Nisch
98	18	pacha, qu'après leur débandade,	pacha que, après leur débandade,
114	40	de 2 régiments à chacun 3 bataillons	2 régiments à 3 bataillons
141	22	jusqu'à la sortie du 8 décembre	jusqu'à la sortie du 10 décembre
158	30	Martiny, Sniders-Springfield ;	Martiny, Sniders, Springfield ;
181	21	IIe armée qu'il commandait, se jeta	IIe armée, se jeta

A LA MÊME LIBRAIRIE

Relations des principaux sièges faits ou soutenus en Europe par les armées françaises depuis 1792, rédigées par MM. les officiers généraux et supérieurs du corps du génie qui en ont conduit l'attaque ou la défense, précédées d'un précis historique et chronologique des guerres de la France depuis 1792 jusqu'au traité de Presbourg en 1806; par M. Vict. Donatien de **Musset-Pathay**. Paris, 1806, 2 vol. in-4, dont un de planches . . . . 35 fr.

— *Cet ouvrage contient les relations des sièges suivants* : Bombardement de la ville de Lille. — Siège de la citadelle d'Anvers. — Défense de Valenciennes. — Siège de Mayence. — Siège du fort Vauban. — Prise de Toulon. — Siège de Bastia. — Siège d'Ypres; — de Charleroi; — de Landrecies; — du Quesnoy. — Prise de l'île de Cassandria et siège de l'Ecluse. — Siège de Nieuport. — Reddition de Valenciennes et de Condé en l'an III. — Siège de Maestricht; — de Bois-le-Duc et de Crève-Cœur. — Siège de Vanloo; — de Nimègue. — Passage du Rhin. — Siège de Kehl. — Siège de la tête du pont d'Huningue. — Note de la prise de Breda.

Journal des opérations militaires et administratives des sièges et blocus de Gênes; par le général de division d'état-major **Thiébault**, nouvelle édition, ouvrage refait en son entier avec addition d'un second volume comprenant un grand nombre de pièces inédites, officielles et d'une haute importance. Paris, 1847, 2 vol. in-8 avec 2 portraits, 5 cartes et plans. . . . . 8 fr.

Journaux des sièges faits ou soutenus par les Français dans la Péninsule de 1807 à 1814; rédigés d'après les ordres du Gouvernement, sur les documents existants aux Archives de la guerre et au Dépôt des fortifications; par J. **Belmas**, chef de bataillon du génie. Paris, 1836, 4 vol. in-8 et atlas in-folio de 24 planches . . . . 50 fr.

Mémoire sur les lignes de Torres Védras élevées pour couvrir Lisbonne en 1810, faisant suite aux journaux des sièges entrepris par les alliés en Espagne; par **John Jones**, colonel des ingénieurs anglais. Traduit de l'anglais par Gosselin. Paris, 1832, 1 vol. in-8 avec carte topographique des lignes, et 2 planches contenant les plans et profils des principaux ouvrages qui les composaient. . . . . 6 fr.

Siège de Sébastopol. — Journal des opérations du génie, publié avec l'autorisation du Ministre de la guerre, par le général **Niel**, avec un atlas in-folio de 15 planches. Paris, 1858, 1 vol. in-4 avec l'atlas en portefeuille. . . . . 60 fr.

— Avec atlas monté sur onglets. . . . . 65 fr.

— — en portefeuille avec les planches 1, 2 et 8 coloriées. . . . . 70 fr.

— — monté sur onglets, avec les planches 1, 2 et 8 coloriées . . . . 75 fr.

Siège de Bomarsund en 1854. — Journal des opérations de l'artillerie et du génie, publié avec l'autorisation du Ministre de la guerre, par le général **Niel** et le colonel **Rochebouët**. Nouvelle édition. Paris, 1868, 1 vol. in-8 avec 4 plans. . 5 fr.

Le siège de Silistrie en 1854, par un anonyme (Extrait du *Journal des sciences militaires*). Paris, 1876, broch. in-8 avec 3 cartes . . . . . . 2 fr. 50

Les deux expéditions contre le fort Fisher, pris d'assaut le 16 janvier 1865, par l'armée et la marine des États-Unis. Explosion des canons Parrott devant la première attaque. Rapport de la commission pour en examiner les causes. Paris, 1865, 1 vol. in-8. . . . . 4 fr.

Campagne de 1870-1871. — **Le siège de Strasbourg en 1870**, publié d'après des documents officiels et d'après les meilleurs auteurs qui ont traité ce sujet, par G. **Bodenhorst**, capitaine d'artillerie belge. Paris, 1876, 1 vol. in-8 avec cartes, plans et tableaux . . . . 5 fr.

Histoire de la défense de Paris en 1870-1871, par le major H. **de Sarrepont**. Paris, 1872, 1 fort vol. in-8, avec la carte des environs de Paris, en 4 feuilles, du Dépôt de la guerre, tirée à sept teintes, indiquant les travaux de la défense et ceux de l'ennemi . . . . 12 fr.

Paris. — Imprimerie L. Baudoin et Cie, 2, rue Christine.